牧師・教会リーダーのためのメンタルヘルス

教職・信徒が共に歩むために

河村従彦［著］

いのちのことば社

はじめに

本書は牧師や対人援助職に就いているキリスト者の方々が人をどうケアするかではなく、援助する側がどう自己ケアをするかについてまとめたものです。さらに、自己ケアが不足していることに起因していると思われる牧会現場の問題にも焦点を当てました。牧師の自己ケアには、教会と向き合う視点が欠かせません。内容は、これから牧会の現場に出て行く神学生の方々といっしょに牧会学のクラスで学んだことを織り込んでいます。

基本的に牧師に焦点を当てていますが、信徒の皆さんにもぜひお読みいただきたいと思います。なぜなら、教会は牧師が運営していればよいものではなく、牧師の問題こそ信徒の皆さんにごいっしょにお考えいただきたいからです。また、牧師を一つのケースとして理解することによって、イエスさまの恵みをさらに深く知っていただけるのではないかとも思っています。

本書では、人間をより良く理解するために、心理臨床の知見を援用します。このようなタイトルの書を手にしてくださった方は、教会や牧会について何かをお考えの方ではないかと思います。しかし、本書は牧会スキルの指南書ではありません。私たちが信じる福音の内容、私たちのグループであればホーリネスの内容について、時代性を考慮し、救いとかいう伝統的な神学用語は使わずに福音の内容を描こうとしています。お読みいただいて、イエスさまの恵みに深められるヒントが一つでもあれば幸いです。

読者の皆さんとこのような形でお目にかかることができたことを心から感謝し、自己ケアの旅路をスタートしましょう。

目次

第四章　他者との関係が見えてくる……76

第一章　しょいこみ過ぎていませんか

牧師や教会リーダーのメンタルヘルスは大切な問題です。神学校を卒業して数年の比較的若い牧師が、奉仕が続けられなくなって辞めていくという話を聞きます。神学教育に関わる人たちもこの問題を重要視し、どうしたらよいかを考えています。先生方が集まる会合でディスカッションがなされることもあります。教団や神学校によっては、卒業後の若い牧師たちを集めて研修を行っているところもあります。

理由を簡単に突きとめることはできませんが、少なくとも二つのことは言えそうです。一つは、牧会現場の複雑さです。回避できる複雑さと、回避できない複雑さがあると思います。もう一つは、対人援助職、つまり人と関わる仕事に就く側の自己ケアの問題です。少し視野を広げてみることで回避できるケースもありそうです。

さてここで、考え始めるためのきっかけとして、一つ事例を紹介します。本書ではいくつか事例を挙げますが、いずれも実際にあったことをそのまま記述しているものではありません。「あるある」をかなり一般化し、一つの例として作文したものです。

◆事例検討

キリスト者、女性、Dさん。夫は信徒だが、彼女は牧師として教会に派遣された。主幹牧師は二年前に妻を亡くしており、Dさんが教会を助ける形で奉仕が始まった。主幹牧師はたたきあげで、世代の違う信徒の夫との間に心理的軋轢があることをいろいろなところで感じるようになった。彼女自身が主幹牧師から怒鳴られるという事件もあった。ある夜、心臓に異変を感じて目が覚めた。初めての症状だったため、夫は救急車を呼び、救急病院で診察を受けた。ところが異常は発見されず、そのまま帰宅。不安になったDさんは、数日後、大学病院を受診、心療内科にまわされ、医師から診断が出た。

薬を処方されたが、改善せず。突然息苦しさを感じたり、心臓の動悸がしたりするため、外出が億劫になる。一つのきっかけになればと、教会から少し離れたところに転居した。すると、人間関係や生活に余裕が出てきて、徐々に落ち着きを取り戻す。寛解した状態で奉仕にも復帰。投薬管理は三年目の今も継続している。

Dさんに何が起きたのでしょうか。あなたなりの見立てをしてみてください。

ハッキリしたことは言えませんが、うつ病など、何らかの気分障がいを発症したと想像できます。

このレポートには大切なヒントがいくつか隠されています。その中でも特に大切なのは、「ある夜、心臓に異変を感じて目が覚めた」ということです。発症後に振り返ってみると、「ああ、そういえばあのとき、兆候らしきものがあったなあ」と思ったりするものですが、それは後になって振り返っての話で、実際に体験しているときには突然です。

これはあまり良くないパターンです。頑張って頑張って、そしてポキッとくる。できればそれは避けたいのです。

メンタルなポキッは「だいじょうぶ！」

わかりやすいように、このような言い方をします。

「だ」れでもなる。

「い」つでもなる。

「じょうぶ」な人でもなる。

三つの最初のことばを並べて「だいじょうぶ」と覚えます。「大丈夫と思っているあなた」こそ「だいじょうぶ！」です。突然やって来ます。私自身もいつでも来ると思って、ストレスが過重になってきたと感じたら休むようにしています。

うつ状態とうつ病は違います。複雑な現代社会でうつ状態になってしまう人は少なくありません。この仕事はやらなければと、重い心をもったままでも責任を果たせるうちはまだ大丈夫かもしれません。いわゆる、うつ状態です。しかし、社会的立場から当然果たさなければならないことがどうでもよくなってしまったら、心療内科を受診することをお勧めします。たとえば、締め切りの期限を守らなくてもどうでもいいや、と思えてしまったらということです。

ストレス・スルー

ストレス・コントロールはとても大切です。

実は、ある程度のストレスは必要で、ストレスがない状態に置かれると、生物個体は死んでしまいます。問題は「過度な」ストレスです。ストレスは回避できれば一番よいのですが、そう簡単にはいきません。ストレスを全部なくそうとするのではなく、上手にスルーすることを練習する必要があります。

ストレスがかかってきたなと思ったら、気分転換し、バランスを回復します。ストレス・スルーが難しいなと感じ始めたら、次のステージです。とにかく休むことです。

とにかくゆるめる

自分を大切にしましょう。「いや、はずせない奉仕がある。」そうかもしれません。しかし、Dさんのような状態で頑張っても意味がありません。さらに症状が悪化する可能性もあります。今まで頑張ってきた自分に、「難しいなかで、よくここまで頑張ってきたね。ご苦労さん」といたわりの声をかけます。そして、できることからゆるめてみることです。時間を上手に調整して自分で仕事量を減らしたり、周囲にお願いして免除してもらったりします。

心理相談室でカウンセリングを受けるか、心療内科を受診したほうがよい場合もあるでしょう。初めてであれば少し勇気が要りますが、将来さらに悪化してしまわないように、今のうちに早めに手を打つほうが賢い選択かもしれないと考えて試してみましょう。

もう一つ大切なのは、自分がホッとできることをやることです。うつ状態になると、「楽しい」という感覚が鈍麻し、やっているだけで楽しいと思えるようなことは見つけにくいかもしれません。しかし、やっているだけでただ楽しいとか、ホッとするとか、そういう何かがあるとよいでしょう。「せっかくの機会だから、ためになることをやろう」などと考える方もおられますが、いわゆる「ためになること」はダメです。そのように考える人は、「人生は、ためになることをすべき」という人生観に縛られている可能性が高く、自分へのモットーの押しつけが自分を苦しめているかもしれないからです。

生き方のスタンスチェック

ここで、真面目なキリスト者が大切だと考えやすいモットーをいくつか挙げておきます。もちろんこのこと自体、間違いではありません。実はこれは心理臨床で言われていることですが、学んでみると、なるほど、信仰のありようをチェックするために役立つと思いました。これらをモットーにしてしまうと、福音に生きる妨げになりそうです。

1　完全であれ
2　努力せよ
3　強くあれ
4　人を喜ばせよ

5　急げ

この五つです。あなたはイエスさまの恵みに生きるという観点から、この五つにどう反論しますか。それとも、あなたの人生にこれらは必須だと思いますか。

実はいずれも、イエスさまが解き明かされた福音的な考え方ではありません。どちらかというと律法主義的です。

福音書を学ぶと、律法主義に対するイエスさまの指針は明確です。私たちは真面目なあまり、気づかずに律法主義にはまり込んでいますが、律法主義は恵みに生きることをダメにする、とても恐ろしいものです。律法主義の深刻さ、はまり込んでしまったときの残忍さに気づいていません。真面目になろうとすればするほど、そして落ち込んだからといって立ち直ろうとすればするほど、ますます蟻地獄のようにはまり込んでしまいます。

少し考えてみてください。この五つを前面に出している牧師さんだったら、信徒の皆さんはどう感じるでしょうか。教会に来てホッとするでしょうか。これでは、信徒の皆さんが少しかわいそうに思うかもしれません。

律法主義から自由になるためには、逆転の発想が必要です。「頑張らなくてもいい」ということを体験していくことで自分をほどいていく、恵みの旅路に出ることが必要なのです。

一つの答え方ですが、それぞれ聖書的観点から私なりの回答を出してみます。

1　完全であれ↓聖書「完全でなくてもよい。そのことを正直に認めているほうがよい」

2　努力せよ↓聖書「努力はよい。しかし努力だけでは神さまの恵みはわからない」

3　強くあれ↓聖書「弱さを知っている人こそ強い（弱さの中にこそ神さまの恵み）」

4　人を喜ばせよ↓聖書「人を喜ばせることも大切だが、自分が喜ぶことはもっと大切」

5　急げ↓聖書「人生は着実に（信仰は生きること、一歩一歩でよい）」

このように、自分の人格形成のプロセスで取り込んだもの、また信仰者としての訓練を自らに課しながら、いつのまにか正しいと思ってしまっていたもの、これらを一つ一つ点検してみるだけでも、神さまの恵みの豊かさに気づくかもしれません。そして、自由にされていくかもしれません。

もちろん社会生活を送りながら、この五つの聖書の反論を前面に押し出せばよいということではありません。社会的立場をいただいて生きるのは簡単なことではなく、努力や強さを求められることもあります。それにもかかわらず、自分の根底にある人生観、そして何よりも大切なのは神さまとの関係で、この五つの考え方が重要だと思います。

イエスさまだったら、どのように言われるだろうか。疲れたら、フッと力を抜いて考え直してみるのも一案です。

手を広げ過ぎていませんか

さて、ここで少し話の雰囲気を変えます。牧会を始めて、あまり時間が経っていないころのことでした。教会のポストに一枚のチラシが入っていました。「なんでも代行屋」のチラシでした。内容を見て、思わず笑ってしまいました。「樹木伐採、部屋掃除、不要品片づけ、チラシ案作成、文書ワープロ打ち……。」牧師の仕事と同じだと思いました。

教会を担当するようになると、ほとんど零細企業の社長さん状態です。トイレ掃除、帳簿つけ、お客さん対応、壊れた部分の簡単なDIY、データのパソコン入力、すべて自分でやります。業者に頼まないで簡単な日曜大工ですませることができれば、心の中で「ニマニマ」、多少は節約できたかも、などと密かに誇っていたりします。

しかしこれらは、牧師本来の専門性が必要な仕事ではありません。いろいろなところに首を突っ込み過ぎて、本来の仕事が疎かになりそうです。

このようななかに長いこと置かれていると、そもそも牧師の仕事が何なのかがわからなくなってしまいます。「忙しい」を連呼し、忙しいと言っているわりにパソコンばかりいじっていたりします。

若いころの自分のことを振り返ると、どこか逃げていたなと思います。このような言い方を聞いたことがあります。「牧師は、車とコーヒーの依存症。」そうかなと思いました。この言い方は一昔前ですが、今でしたら「牧師は、車とコーヒーとネットの依存症」かもしれません。

しかしこの言い方の中には、人ごととして片づけられない大切なことが含まれています。一つは、ストレスが限界に来ていないかということ。そしてもう一つは、メンタル構造が依存症的ではないかということです。

さてそれでは、牧師は何をする仕事なのでしょうか。「祈りとみことば」という言い方で括られてしまいそうですが、私はそれでは不十分であると思っています。もう少し突っ込んで、こういった言い方はいかがでしょうか。

「自分と教会に向き合うこと」

つまり牧師職とは人に向き合う仕事、対人援助職です。一般の対人援助職では、自分に向き合うことを奨励します。奨励というよりは必須です。特に心理職はそうです。牧師はさらに、神さまとの関わりでそれを考えるという、もう一軸加わった高度な対人援助職、言い換えると、「究極の総合職」です。普通の人にこんな仕事ができるはずもないというくらいの高度な職能を期待されているのです。

牧師や教会リーダーの中には反論する方もおられるかもしれません。「いや、自分は奉仕を始めてから、自分にも向き合ってきたし、本気で教会に向き合ってきた。すべてのことを福音のためになす（Ⅰコリント九・二三）のみことばどおり、奉仕を疎かにしたことなど一度もない。」

確かにそのとおりかもしれません。しかし、この際ですから、いくつかのことは再考してもよいかもしれません。たとえば、

●自分に向き合うとはどういうことか、何をすることか
●教会に向き合うとはどういうことか、どこがポイントになるか

どういう意味で自分に向き合ってこられたのでしょうか。どういう意味で教会に向き合ってこられたのでしょうか。

人間の心という観点を取り入れると、こういう見方もできます。そもそも「奉仕を疎かにしたことなど一度もない」と言えてしまうメンタリティーとは、はたしてどういうものか。

「奉仕を疎かにしたことなど一度もない」という気合いで向き合ってくる牧師を、信徒の皆さんはどのように受けとめてくれていたでしょうか。信徒の皆さんは嫌がっていなかったのか、そこが問題になるかもしれません。

牧師に背負い込み過ぎがあれば、信徒の方は礼拝のために教会堂に入って来ただけで息苦しくなるでしょう。

牧師は素人でよい、素人がよい

教会の奉仕は多岐にわたりますが、「なんでも代行屋」が染み込んでしまっていて、牧師は何かにつけ「わかっているふうな」スタンスを取りがちです。教会堂のリフォームや教会堂建設をすると、建築のことがわかった気になって、いろいろと言いたくなりますが、信徒の中には建築の専門家がおられることもあります。それで「メシを食っている」プロです。言ってくださらなくても、そのような方々から見れば、素人が何を言っているのだろう、ということになりかねません。音楽のことが多少わかったりすると、音楽の専門家みたいに賛美リードをしたりしますが、音楽の専門家からすれば、趣味のレベルです。牧師が音楽をすべきでないということではありません。しかし、教会の皆さんの前には所詮素人なのだという謙虚さを忘れたくないということです。つまり、自分の専門外なのです。

「いやいや、そんなことはない。自分は音楽の勉強もしたし、それなりの専門性はある。」

そうかもしれません。しかし、もし牧師でなかったら、音楽家としてメシが食えたのか。世の中で通用しないものならば、やはり素人でしょう。

心理学も同じです。独学でも勉強すれば、牧会の現場で役立つくらいのものは身につきます。しかし、人生をかけて臨床家として生きている人もいます。私も資格を取得しましたが、人生をかけている専門家に申し訳ないという気持ちがどこかにあります。教育も同じです。教育はもう少し微妙です。人間形成に関わることだからです。聖書には教育の原則が書かれていますが、教育の方法については書かれていません。それぞれが信仰に応じて考えるべきことなのです。牧師は子育ての専門家ではありません。子育てについて指導する職種ではないことを心得ておくべきです。

牧師は、本来の仕事以外のことは素人です。素人であるべきなのです。わかったふうな顔をすれば、足元を見られます。聖書のことや信仰のこと以外について発言する機会はいくらでもありますが、必ず付け加えたいと思います。「このことについては素人で申し訳ないのですが……。」

牧師の専門性は、「自分と教会に向き合うこと」です。それではなぜ牧師は、本来の専門性以外のことについてわかったふうな顔をしがちなのでしょうか。二つのことがありそうです。牧師の専門性そのものを見失いつつあること。そしてもう一つ、これがこの書が語ろうとしているテーマなのですが、自分の人格的責任範囲の問題です。

牧師は、神さまと教会にお仕えする聖なる職務です。しかし、神さまからのメッセージを伝えていればよいのかというと、そうではありません。牧師職には預言者性がありますが、これは旧約のスタンスです。イエスさまが来られた新約の恵みの時代、牧師職は祭司性、あるいは受肉性が求められます。こちらからみことばの鉄砲を撃っていればよい仕事ではなく、耳を傾け、共に歩み、共に苦しみ、寄り添っていく専門性です。地味かもしれませんが、スマートさを狙わない真実さこそ牧師らしいのです。

牧師に必要なのは、寄り添っていく人格性です。ですから、自己のありように対する責任が問われます。祈りもみことばの奉仕も、寄り添っていく人格性があって初めて意味のあるものになります。それなしには、やればやるほどひとりよがりになります。寄り添いなしに聖職であることを前面に出せば、周囲の人は弾き飛ばされるかもしれません。

恵みの原則に生きる

寄り添っていく専門性はスキルの問題ではありません。人格性です。ここが他の対人援助職と違うところです。心理学に新しい風を吹き込んだカール・ロジャースは、自分のありように矛盾がないことが大切だと言っていますが、それと少し似たところもあります。矛盾がないというのは、クライアントに向き合ったとき、自分の側に本音と建て前があり過ぎないこと、自分の感情と行動にそれほど大きな差がないこと、ありのまま自然体でそこにいられること、それくらいの意味です。

しかしポイントは、その矛盾のなさがどこから来ているかです。イエスさまとどういう出会い方をしたか、これで決まってしまうのです。人間は正直なもので、イエスさまとの出会い方をそのまま人に反映します。厳粛だと思います。

イエスさまと出会うとは、自分の罪深さに向き合い、自分の弱さに向き合い、失敗を通して自己の情けなさを知り、そういうなかでイエスさまが出会ってくださる経験のことです。キリスト者になったときに、このようなことを経験的にとらえている人がいる一方で、悔い改めてイエスさまを救い主として信じ、キリスト者になったという自己認識をもっていても、自分の弱さや失敗に向き合うことが希薄なままの人もいます。第三章の「信仰のイメージ化」の項目で述べるマーシア理論の「早期完了」などはその例です。

信仰はわかればわかるほど、シンプルになっていきます。頑張りがほどけていきます。自己受容が進むからだと思います。シンプルになると、応用が効くようになります。逆に、どこか人を寄せつけないような雰囲気になっていく信仰のありようは、少なくとも福音的ではないでしょう。

私たち日本人は戦争を経験しました。私は戦後生まれですから、当事者ではありません。いのちを献げることが美徳とされるなかで、感受性豊かな思春期・青年期を過ごすという体験は私たちにはありません。心理学的な観点からいえば、いのちの危険にさらされた経験は何か人格性に変化をもたらすのだろうと思います。

問題は、そのようなありようを神さまとの関係に持ち込むことです。初代教会の時代も、キリシタン迫害の時代も、いのちをかけた先輩たちがいました。しかしそれはきわめて特殊な歴史的状況でのことであって、聖書が語る恵みの世界を見失わせることになるとすれば残念です。

イエスさまのような人格性を通して神さまの恵みを語りたいと思います。そのためには、私たち一人ひとりが恵みに生きていることが欠かせません。

これもできなければ、あれもできなければと、頑張り過ぎていませんか。もう少し素朴で、また愚直でよいのかもしれません。

第二章　自分の責任範囲が見えてくる

さて、牧師職は対人援助職なので、信仰的な理念がかりにしっかりしていても、実際奉仕はそう簡単に行きません。さまざまな人間関係で悩んでいるのが正直なところです。たとえば、このような事例があります。

◆事例検討

キリスト者、教会員のAさん。女性。それほど熱心ではなかったが、特別な集会にだけは出席していた。ある日の交わり会で、自分から積極的に証しした。「先日、神さまが自分のところまで降りてきて、みこころを示してくれたんです」といった内容だった。その後数か月して、再び来会。言っていることがどうも辻褄が合わず、牧師は対応の仕方がわからなかったため、会堂に一人でいていただく以外になかった。一年が経過し、牧師は家族を訪問した。家族は「お手上げ状態」という言い方をし、入院先を教えてくれた。病院を訪問、閉鎖病棟で生活するＡさんと再会。症状は落ち着いていて、普通に会話が成立した。

領域の理解

こういった事例は、ある程度の知識を身につけることによって対応しやすくなります。メンタルな病を発症したのだと思います。かといって、牧師は心理士とアイデンティティが異なるので、心理学の専門家になる必要はありません。どのように領域が異なるのかを正しく理解しておかなければなりません。下の図1をご覧ください（『神さまイメージ豊かさ再発見――聖書から心理臨床まで』イムマヌエル綜合伝道団出版事業部、二〇一三年、一二

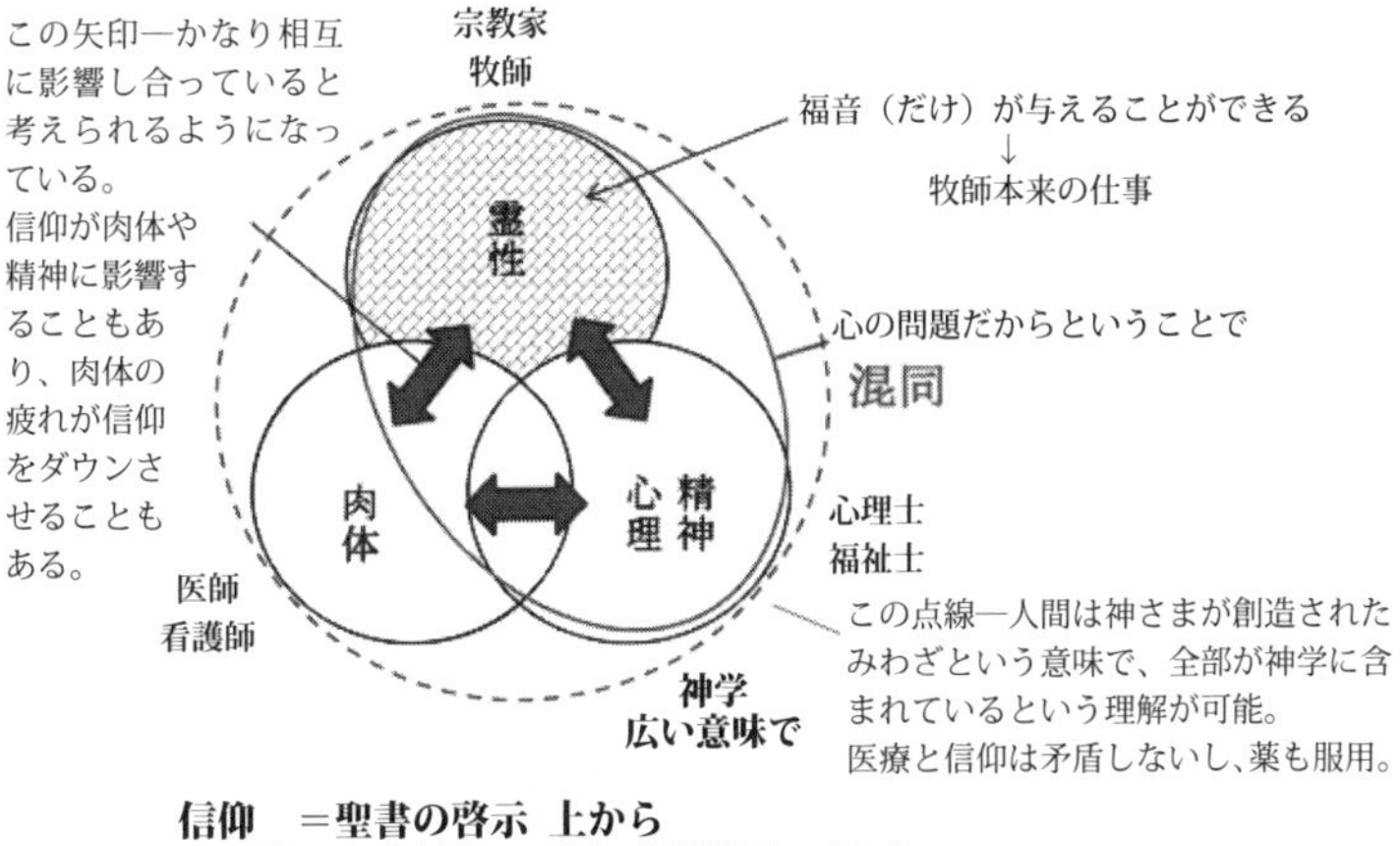
この矢印―かなり相互に影響し合っていると考えられるようになっている。
信仰が肉体や精神に影響することもあり、肉体の疲れが信仰をダウンさせることもある。
宗教家
牧師
福音（だけ）が与えることができる
↓
牧師本来の仕事
霊性
心の問題だからということで
混同
肉体
精神
心理
心理士
福祉士
医師
看護師
この点線―人間は神さまが創造されたみわざという意味で、全部が神学に含まれているという理解が可能。
医療と信仰は矛盾しないし、薬も服用。
神学
広い意味で

信仰　＝聖書の啓示 上から
心理学＝人文科学の成果 人間探求 下から

図１　肉体、心理、霊性の関係

頁参照)。

この説明には異論があるかもしれません。しかし、このように人間を理解すると、心理学と信仰は、「心」という括りで混同されていながら、実は別ものだということ、また心理士と牧師では関わる領域が異なることがわかります。

イエスさまの「癒し」

イエスさまが福音書時代に行われた「癒し」は、セラピーの語源となっていることばが使われていますが、この三つの領域全部を含むものだったと理解できます。一般的に使われる「癒し」は、肉体の治療(cure)のことで、あくまで地上的なものです。心理や精神のバランスを取り戻すという意味でも使われます。イエスさまがなさったことは治療(cure)も含みますが、全人格的な回復をめざす牧会(care)でした。

現代は医学や心理学が発達し、それぞれかなりの専門性が要求されます。宗教家や牧師は、医師や心理士、福祉士など他職種の専門性を尊重する必要があります。同時に、全人格的なケアを念頭に置きつつ、宗教家が専門性を発揮することが期待されている霊性の部分にお仕えすることに集中していくべきでしょう。もし牧師が精神科医や心理士がやるべきことまでやってしまったら、それは人格的責任範囲を越えてしまっているということです。

牧師がやってはいけないこと

ここで牧師がやってはいけないことをまとめます。

１　間違った万能感――信仰で治しましょう

牧師は信徒の方のあらゆることを受けとめていきます。そのとき援助者の心がムクムクと頭をもたげ、「なんとかしてあげたい」という気持ちになります。しかしこの、「なんとかしてあげたい」という考え方が、ときとして致命的になるのです。本来引き受けてはいけないことまで引き受けて、自分の首を絞めてしまうこともあります。自分の範囲を越えてしまわないようにしなければなりません。

２　確定診断――精神科医のみ、臨床心理士・牧師も診断名は口にしない

心理臨床を多少なりとも学ぶと、「この方は統合失調症かな」とか、「たぶんボーダーラ

インだろうか」とか、「アスペルガー症候群かな」とか、なんとなく見当がつきます。その方に対して間違った接し方をして症状を悪化させることがないように、一応「見立て」をしておきます。しかし、それは人に対しては言いません。

確定診断は医師の仕事です。心理士も一定の専門知識をもっていますが、クライアントに「あなたは境界性人格障がいです」などという言い方はしません。

心理士は心理検査をします。しかし、きちんとした枠の中でしか実施しません。教示文をどのように読むかということにも細心の注意を払うくらい、実施する環境は重要です。聞きかじりの知識で人に検査を受けさせるようなことは決してすべきではありません。倫理上の問題もありますし、人権問題になります。プロは研究のためのリサーチをするか、あるいはクライアントと向き合う心理相談室の中という枠でしか専門性を使いません。

人と関わる仕事をする人は、自分の職務の領域ではどこまでやってよいのか、自分の人格的責任範囲がどこまでなのかを理解しておく必要があります。

3　治療や入院について——本人、家族の主体的判断

メンタルな病を信仰で治すという考え方は、全面的にダメとは言いませんが、やはり限りなく危ない考え方です。むしろ大切なことは、医療との連携です。医療や福祉のサービ

スを受けられるようにサポートするのが牧師の役割です。

困っているからといって、簡単にモノをあげたり、キリスト教界で奉仕や仕事をしてもらって報酬を渡したりするようなことも本来の援助ではありません。むしろやってはいけないことの部類に属します。とても困っておられて、そういう援助が一時的に必要な段階ももちろんありますが、ゴールである自立を妨げてしまう援助は考えものです。

さて、牧会の現場で「この方には医療のサービスが必要だ」と思ったとします。しかし、簡単に「あなたは精神科を受診すべきです」とは言いません。人格の尊厳に関わる問題だからです。

無理やり病院に連れて行ってしまうとか、病院に行くことを隠しておいて、だまし討ちのように連れて行くことはやってはいけないことです。仮に初回の受診が実現したとしても、心に深い傷と不信感を植えつけることになります。信頼関係は崩壊し、その後の治療はおそらく進まないでしょう。

ご家族の理解とサポートがポイントになります。これがあるのとないのでは、治療のプロセスも結果も異なります。

牧師としてできること

次に、牧師としてできることとです。

基本的な知識で十分ということとです。基本的な知識なしに信徒やクライアントと接すれば、迷惑をかける可能性が高くなりますが、かといって牧師は精神科医や心理士ではないので、専門的知識は必要ありません。基本的知識で十分です。

たとえば、以下のような書籍は助けになると思います。

『図説精神医学入門 第4版』（C・カトナ、C・クーパー、M・ロバートソン著、島悟監修、高野知樹・吉村靖司監訳、日本評論社、二〇一一年）――統合失調症やうつ病など、病気の内容が数ページにまとめられています。少し専門的です。

『健康ライブラリー　イラスト版』（講談社）――それぞれの病気が一冊の書になっているシリーズものです。わかりやすく、図や絵がふんだんに使われていて、だれでも読める感じです。

『ICD–10　精神および行動の障害――臨床記述と診断ガイドライン』（融道男ほか訳、医学書院、二〇〇五年）、『DSM–5　精神疾患の分類と診断の手引』（American Psychiatric

Association 著、医学書院、二〇一四年）――この二冊は精神科医や臨床心理士が見立てに使っているものです。

『こころの治療薬ハンドブック』（山口ら編、星和書店）――クライアントが服用している薬について知っておきたいときに役に立ちます。ただし今はインターネットでかなりの情報を手に入れることができます。

『うつ病九段』（先崎学著、二〇一八年、文藝春秋）――うつ病がどのようなものかがよくわかります。

医師でなければ確定診断はしませんが、人と接するときには一応の見立てをしておく必要があります。その理由は、間違った対応を可能な限り避けるためです。そのために、基本的な知識は必要です。

問題の所在

さて、信徒の方は、「牧師って大変だなあ」と思われたかもしれません。いろいろな方に対応することが求められます。一定の知識も必要です。

ところが問題の中心は、牧師がこういったことについて一定の知識をもっているかではありません。実は、むしろそれに関わる人、教会の場合は牧師自身が問題である場合もあります。

「なんていうことを言うんだ。牧師がこんなに人のためにやっているのに、それで文句を言われるのか」などと言わないでください。そういうことではなく、人と接するためには、しっかりと押さえるべきところは押さえ、緩めるべきところは緩めるなど、ウェイトの置き方を柔軟に調整してみたほうがよいということです。大切にしなければならないポイントの一つは自分に向き合うことです。一般の対人援助職は、このことを当たり前のようにやっています。

さて、このことを考えるために、次の事例を見てみましょう。

◆事例検討

Gさん、四十二歳、女性。プロテスタント教会の牧師。女性だが、所属教派の正教師認定を受けている。

Hさん、三十八歳、男性。三年前から来会、昨年末、受洗。今年になって、最近ザワザワする、だれかが話しかけているように感じると打ち明けられた。Gさんは、これは幻聴だと思い、精神科受診を進言。最初渋っていたが、いっしょに行ってあげると言ったら、承諾してくれた。

Ｈさんはそのことを契機に今まで以上に心を開き、週二〜三回教会に来る。Ｇさんも同情の気持ちを感じるようになり、Ｈさんのことをとことん受容してみようと決意、教会の相談室で徹底して耳を傾けた。日によっては三時間になった。聴けている充実感もあった。信仰は大きな意味があるから、毎日祈るように勧めた。


直感的に危うい感じがします。牧師仲間も「この牧師さん、なんだか思い入れが過ぎないかな」と感じるかもしれませんし、信徒の方も、「この先生、本当に信頼できるかな」と感じるかもしれません。

何が問題なのでしょうか。メンタルな問題を抱えておられる方に向き合うスキルが足りないのではありません。人に向き合おうという姿勢が欠落しているのでもありません。正教師認定を受けていますので、神学の学びが足りないのでもありません。

考えられる一つの問題は、自分の人格的責任範囲が見えていないことです。

人格的責任範囲とは

あまり聞き慣れないことばだと思います。簡単に言うと、「他者との関わりで自分の責任範囲がどこまでか」、「自分がやってよい範囲はどこまでか」、「自分がどの程度この人に近づいてよいのか」という、いわゆる範囲のことです。似たことばに「境界線」という言い方がありますが、互いの間の線引きよりは、自分の責任がどこまでなのかというニュアンスを表現するために、「人格的責任範囲」という用語を使います。

たとえば、他の人の責任まで背負い込むことです。牧師は信徒を指導できると考え、人生の岐路の選択など、本人が自分で決めなければならないことであるにもかかわらず、決心の肩代わりをしてしまいます。これは明らかに、その人の人格的責任範囲に踏み込む行為です。

他者との関係を築くためには、自分の人格的責任範囲がある程度見えていることが大切です。これが脆弱だと、人との関係づくりで混乱します。人のことを突然攻撃してしまったり、親しくしていた相手を急に遠ざけたり、本人も、また接した相手も、何が何だかわからずに困惑します。このような症状が重いと、境界性人格障害という診断が出ることもあります。

自分の人格的責任範囲は、人格形成のプロセスの中でだんだんと身につけていくものです。子どもは最初、自分と親だけの安全な世界で受容されて育ちます。ところが幼稚園に行くようになると、自分を受容してくれないライバルが出現し、さらに小学校に行くと、もっと世界は広がり、いろいろな衝突を体験します。そのような経験を重ねていくなかで、自分はここまでは主張できるけれども、それより先は他人の人格的責任範囲だというように、自分の人格的責任範囲を学習していきます。

何か理由があってそれができなかったのか、あるいは他の要因があったのかはハッキリしないのですが、自分の人格的責任範囲を身につけ損ねて大人になった場合、あるいは他者との線が脆弱なままで大人になった場合、人間関係づくりでとても苦労します。

実は苦労するのは本人ではありません。どちらかというと、苦しむのは周囲の人です。

自分の人格的責任範囲がわからない状態だと、いつも不安を抱え込んでいますので、仲間をつくろうとします。牧師の場合は、自分のことを良く言ってくれる信徒を抱え込むタイプの牧会スタイルになります。ところが、自分のことを全面的に認めてくれないと気づいた瞬間、その人を無視したり、攻撃したりします。可愛がっておいて、いったん気持ちがすれ違うとポイ捨てをしてしまう構図です。された相手はとても傷つきます。

牧会しながら自戒していることなのですが、自分が囲い込みたいファンが現れたら、またこの人は自分が導いたと思いたいような信徒が増えていったら、牧会は失敗だったかもしれません。

成熟した人間関係は、適切な距離感です。

転移・逆転移

ここで少し話を変えます。転移・逆転移です。日常的には使いませんが、心理学では一般的に使われる概念で、他者との関わりで心がどのように揺れ動くかを理解する助けになります。図2をご覧ください。

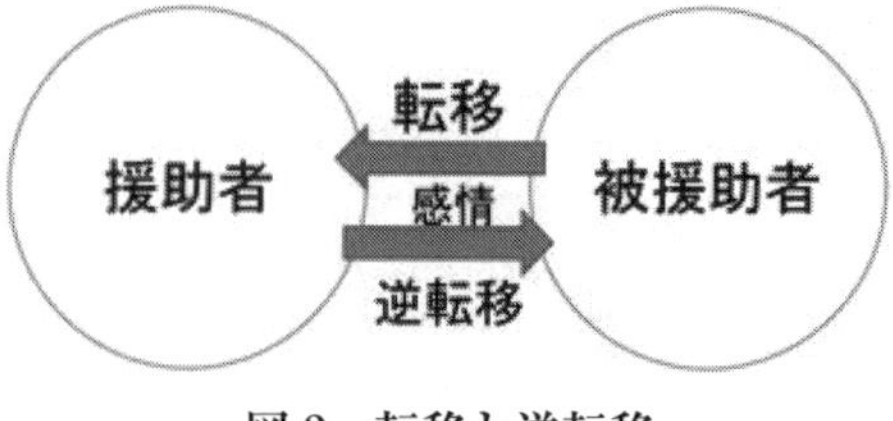

図2　転移と逆転移

まず、転移です。転移とは、クライアントがカウンセラーに対して抱く感情のことです。牧会の人間関係でいえば、信徒や来会された方が牧師に対して抱く感情のことです。

転移には二つあります。一つは陽性転移。好きになるなど、ポジティブな感情を抱くことです。もう一つは陰性転移。怒りを感じるなど、ネガティブな感情を抱くことです。

次に、逆転移です。転移の反対で、カウンセラーがクライアントに対して抱く感情のことです。牧会の人間関係でいえば、牧師が信徒や来会された方に対して抱く感情のことです。陽性転移も陰性転移もどちらもあります。

転移も逆転移も、あまり中途半端なところで止まっていません。恋愛感情にまで発展してしまうか、嫌悪や憎しみを感じて大嫌いになるか、どちらかです。

「エッ、そんなことあるんですか。牧師は聖職者なので煩悩に縛られず、そういったことはスイスイ、クリアしておられるのかと思っていました。」確かにそういう面もあります。しかし牧師も人間です。他者に対して気持ちが動くのは、人間であるかぎり避けられません。

さて、先ほど引用したGさんの例です。なぜGさんは、「同情の気持ちを感じるようになり、Hさんのことをとことん受容してみようと決意」したのでしょうか。なぜ同情を感じたのでしょうか。もちろんこれだけではわかりません。しかし、思い入れが強過ぎる感じはします。自分の人格的責任範囲が曖昧で、他者との線が引けなくなっているのかもしれません。自分と相手との線が曖昧になると、転移・逆転移が起きやすくなります。Gさんは H さんに対して、恋愛感情を抱いたかもしれません。

人格的責任範囲が曖昧という点では恋愛感情も同じです。とろけるような一体感を求めたり、相手を自分の世界に引き込もうとしたりします。しかし、自分の人格的責任範囲が互いに見えていなければ、ほどなく感情のぶつかり合いになります。他方、結婚関係は、人格的責任範囲が曖昧な、渾然一体化した二人の関係ではなく、自分の人格的責任範囲が互いに見えている世界、つまり相互が自立している、相互尊重ができる世界です。

このように自分の人格的責任範囲が曖昧なままで逆転移が起きると、自分が思いを寄せたその期待が裏切られた途端、相手を突き放すかもしれません。もしそうなったら、最悪のパターンです。カウンセラーであればクライアントに、牧師であれば信徒にそのような接し方をすれば、やられたほうは困惑し、ひどく傷つきます。このことで教会を去った方もあったかもしれません。

やった側は、自分の人格的責任範囲がわかっていないので、実は心の深いところで自信がなく、恐怖心を抱いています。なぜなら、他者と自分の間の線が弱いために、直感的に自分がやられると感じてしまうからです。それで相手を遠ざけます。自分が見えていて、自己存在に不安のない人は、他者をやっつけなくても大丈夫なのです。

解決の可能性、壁

人格的責任範囲が曖昧なケースに解決はあるのでしょうか。ひと言でいうと「壁」です。

何度も壁にぶつかりながら、自分の人格的責任範囲を自分で確かめていくしかありません。

　モーセは若いとき、今でいうなら業務上過失致死事件を起こしています。原因は、自分が良いと思ってやっていることは人も受け入れてくれるはずという、キリスト者二世などにありがちな間違った万能感でした。このとき仲間のヘブル人が壁になってくれました。「だれがおまえを、私たちの上に任命したのか。」　これは、モーセが本当の意味で神さまに出会う備えでした。

　人間は最初、どこまでが自分の人格的責任範囲であるかがわからず、他者の領域に踏み込んでしまいます。そうすると相手からやり返されたりして、そのことで、自分がどこまでやってよいのかを学習します。ところが、このことを学習せずに大人になると、自分の人格的責任範囲を越えてしまっていても、自分の言動が周囲にイヤな思いを与えていることがわかりません。さらに厄介なのは、それが善意や信仰から出ていると思っていることです。「イエスさまの心をもってやってあげているのに」みたいな感じです。自分がどうしたかではなく、大切なのは受け取る側です。こちらがどこまでやってよいかを感じ取れる感性です。

受容の限界

自分の人格的責任範囲が曖昧なために、自分を守ろうとして、他者に対して批判的・攻撃的になることもあります。

◆事例検討

キリスト者のEさん、男性。温厚かつ知的な雰囲気で、ユーモアもあり、周囲をなごませる。趣味も多彩。礼拝ではとてもキリスト者らしい用語を用いて祈る。洗礼を受けて二年経ったので、牧師は役員になってくれるように依頼した。

二回目の役員会で、長期欠席の会員に対する牧師の対応が欠けていると指摘をした。個人情報のことがあり、牧師は全部を語ることはできないが、一応の説明をして、その場は収まった。次の役員会では、会計処理が不適切ではないかと発言。牧師は説明し、とりあえず納得してもらった。しかしその後、役員会の席上で同じようなことが繰り返されるようになった。

翌年の全体総会でも同じ発言を繰り返し、その後、教会に来なくなった。

牧会の現場でも、思いも寄らないことで攻撃されることがあるかもしれません。どう考えても自分に理由がないのに、教会の方から批判されたり攻撃されたりすることがあります。この場合、転移現象が起きている可能性もあります。

攻撃された側は自分が足りなかったと思い込み、受容します。人に関わる仕事をしていると、人に対して真実であろうとするので、ある程度の攻撃であれば受け入れ、攻撃した人を受容してしまいます。

しかしこれではうまくいきません。攻撃する側は、「これくらいならやっていいんだ」という間違った思いを強化・学習します。つまり、症状はさらに悪化します。真実な牧会が皮肉なことに症状を悪化させることもあるのです。

自分の人格的責任範囲が見えていない人が本当に必要なのは、社会はどこまで許してくれるかを示す壁です。何度も何度も壁にぶつかって、そしてだんだんと、「このくらいまでならやっても大丈夫なんだ」ということを学習していく必要があります。

もし壁になってくれる人が自分の周囲にいて、いつも安定していて変わらない、それでいて温かくブレーキをかけてくれたら、その人は宝物です。牧師がその役を担わなければならない場面もあるかもしれません。

ここで大切なのは、自分が壁になるべきかの見極めです。牧師は基本的に受容していきますので、壁になるのはよほどの場合、最後の最後です。事例に出てきたEさんみたいな人を受容するのは間違いだと断定しているのではありません。ケース・バイ・ケースです。

しかし、いったん壁になれば、相手が自分から離れて行く可能性が高く、そこまでやる覚悟があるかがポイントになります。この見極めは難しいのですが、どう判断するにしても、「安定した温かい接点を心がけ、きちんとした手続きを経て決めたことは、揺さぶらても変えない」という姿勢で接し続けることが基本です。

このような複雑な現代社会で、能力以上のものを求められ、牧会に疲れてしまっている牧師や教会リーダーが少なくないと思います。その一つが、自分の人格的責任範囲を越えて、人の領域にまで踏み込んで来る方への対応です。人格的責任範囲のダイナミズムを知らないために、ひたすら受容し、ただ振り回されて疲弊してしまう。それも奉仕の一部とはいえ、本来やらなければならないみことばの奉仕にエネルギーを用いることができなければ残念なことです。

壁にぶつかって学ぶ恵み体験

自分の人格的責任範囲を知るプロセスは、人と関わる仕事をする人には必須です。壁になってくれる人と関わりをもつことで、自分の人格的責任範囲を身につけていくことが欠かせません。

大人になるプロセスで健全な社会性が育っていれば、おおむねどこが自分の人格的責任範囲であるかがわかります。しかし、すべての人が理想的な社会性を身につけているわけではありません。牧師になったからといって、自動的に自分の人格的責任範囲を身につけているわけでもありません。

しかしイエスさまは恵み深い方です。奉仕しながら、だんだんと教えてくださいます。大切なのは自分を見ようとする視点です。これがあれば可能性があります。

私自身振り返ると、壁は大切でした。人にどう受け取られるかわからずやっていたことについて、「あなたはわかっていないかもしれないけれど、周囲は不快なのですよ。傷つくのですよ」と諭してくださる信徒を主は周囲に備えてくださいました。そのような経験を通して、自分の人格的責任範囲を少しずつ学びました。本当にありがたいことです。

牧師の生涯は自分の人格的責任範囲を学ぶプロセスです。壁は当たれば痛いのですが、それが良いのです。

第三章　素の自分が見えてくる

さて、前の章では自分の人格的責任範囲の大切さを心に留めました。自分の人格的責任範囲を見定めていくためには自分に向き合うことが必要です。この章では、自分に向き合うことについて考えていきます。

自己客観視への挑戦

自分を可能なかぎり客観的に見ることは、実は簡単ではありません。人間はどこまでも主観的な生き物で、よほど意識をしないと自分を客観的に見ることはできません。

自分を客観的に見ることができないまま奉仕の現場に出ると、自分の人格的責任範囲が見えないまま人と接することになり、そうすると、人と適切な距離を取ることが難しくなるだけでなく、知らないまま人を傷つけてしまうことにもなります。

人間には「自己承認欲求」、すなわち、自分のことを認めてほしいという願望がだれにでもあります。牧師も人間ですから、例外ではありません。しかし、専門職である牧師が自己承認欲求を現場で出せば、現場は心理的に混乱し、プロとして失格とみなされる可能性もあります。

自己承認欲求が強ければ、全体をコントロールしたいという衝動に駆られます。逆に、自己承認欲求を満たせないのではないかと感じるとき、それは恐れになります。自分はどのくらい自己承認欲求が強いだろうか。このようなことも自分を見る視点の一つになります。

さて、自己客観視をするとはどういうことでしょうか。自分が他人からどのように見られているかを感じ取る感性を身につけるということです。二つのステップで考えてみます。

ステップ1　心的カメラをもつ

自分を写しているカメラをイメージしてみてください。自分の右斜め上くらいにカメラが設置されています。「第三者の目」という言い方もします。自分でもない、目の前にいる相手の人でもない、第三者の目で自分を眺めてみます。自分はどんなふうに写っているのだろう。どんな表情をしているのだろう。どんな姿勢をしているのだろう。猫背じゃないかな、スキッと背骨が伸びているかな。人に対して話をするとき、どんな表情になるだろう。そんな見方ができる「心的カメラ目線」を心の中にもっていることです。

ステップ2　他者の見方を参考にする

ところが、自分の心的カメラ目線で見ている自分のイメージは必ずしもリアルな自分と同じではありません。実際にVTRで撮ってみると、自分が考えていたイメージと違うこともあります。周囲の人に聞いてみます。「あなたから見て、私はどういう人間だと思いますか。私のどういうところが足りないと思いますか」と。

ある程度見えてきた自分の姿はいかがでしょうか。自分がイメージしていたよりも、どんくさいかもしれません。それでよいのです。しかし問題は、自分の心的カメラで描く自分のイメージと、他者が教えてくれる自分の現実との間に、あまりに開きがあることです。周囲に、自分が見えていないという印象をもたれます。

なぜ自分を見るのが苦手なのか。その問題を考えるために、自分の人格形成のプロセスに話を進めていきます。

人格形成のプロセスの見直し

自己客観視について考えるために欠かせないのが、自分の人格形成のプロセスを振り返ってみることです。いくつか考えるヒントについて述べてみます。

1　自分がキリスト者一世か二世か

自分がキリスト者一世か二世かだけでもかなり違います。どちらが良いということではなく、それぞれ良い面と、引き受けなければならない、そして学んでいかなければならない面があります。「自分はキリスト者一世なのか、二世なのか、三世なのか、それ以上なのか。」それを確認するところから始めましょう。

「そんなことわかっているよ。オレは二世だよ。」そんな言い方をせずに、もう一度確認してみてください。両親がキリスト者であったのと、親の一人がキリスト者であったのとではかなり違うはずです。両親が牧師であったのと信徒であったのとでもかなり違うはずです。

長い間気づいていなかったことがあります。それは、二世と三世は違うということです。

二世は、キリスト者ではない親に育てられた親に育てられた人のことです。三世は、キリスト者である親に育てられた親に育てられた人のことです。二世の場合、祖父・祖母はキリスト者ではありません。田舎に行くと、全く違う世界に遭遇します。二世は自分の親を見て、キリスト者でない親に育てられたことがどういうことかを漠然と感じ取ります。三世のことはよくわかりませんが、人格形成への影響はかなり違うだろうなと思います。

「神さまイメージ理論」の研究をしたときに、土居健郎氏が提唱した「甘え」の観点から、自分の家族にキリスト者がいたケースと、自分の家族にキリスト者がいなかったケースを比較するデータを取りました。そこでわかったことは、自分の家族にキリスト者がいた人のほうが、自分の家族にキリスト者がいなかった人よりも「甘え」の心理を抱きやすいということでした（『神さまイメージと恵みの世界』いのちのことば社、二〇一八年）。なお、土居の甘えの心理については、『「甘え」の構造』（弘文堂、一九七一年）をお読みいただくと理解することができます。日本人特有の甘えの心理を分析した名著で、オススメです。

甘えの観点だけで簡単に善し悪しを論じることはできません。しかし、一世か二世かで違うのだということはわかります。人格形成期の環境を踏まえて、甘えの心理の観点から自分を見直してみることも意味があると思います。

2　原家族での位置づけ

さて、人格形成の環境の中で、自分がどういう関係の中に置かれてきたのかを確認してみます。

原家族のことを考えるというと、私たちはすぐに、親子関係はどうだったかというところにいきますが、少し視野を広げて考えます。家族療法の視点です。

①機能していたか

家族が機能していたかということを測ることは難しいと思います。定義もおそらく不可能です。しかし一つ考えておきたいことは、「温かい心の交流があったか」ということです。食前の祈りをしていたかとか、家庭礼拝をしていたかとか、家族揃って日曜日ごとに教会に参加していたかとか、そういったことも大切ですが、これらはいずれも現象です。子どもはその背後に心の交流があったかを感じ取ります。

家では、甘えを出しても怒られない、外で頑張っている分、ホッとできることが必要です。そのような場で、家庭礼拝が義務として固定化していたことが心の交流をとどめてしまうこともあるでしょう。そのようなものは要らないと申し上げているのではありません。やっているかではなく、心の交流があるか、無条件で受容されたり、肯定的で温かいことばかけがあったり、そういう意味で機能しているかと思います。

②家族の外界との境界

もう一つ大切なのが、家族の境界の問題です。家族の境界には二つの意味があります。図３をご覧ください。

一つは家族の中と外の間の境界です。家族はメンバーが決まっています。いわゆる「出入り自由」ではありません。これはつまり、家族と家族でない人の間に明確な境界があるということです。メンバー構成がいつも変わるような家族はありません。

ところが、この境界はハッキリしていればよいかというと、そうではありません。境界が明確に存在しながら、家族のメンバーがある程度自由に出入りできるほうがよいのです。浸透膜みたいなイメージです。出入りの自由度がなかったり、外出先をいちいち管理されたり、「うちは他の家とは違うのよ」という言い方が繰り返されたり、代々伝わる家訓が過度に強調されていたりするのもあまりよくないでしょう。

キリスト者の家族は、どちらかというと境界が固定化されやすいと思います。日本の社会がキリスト教に対する理解がない

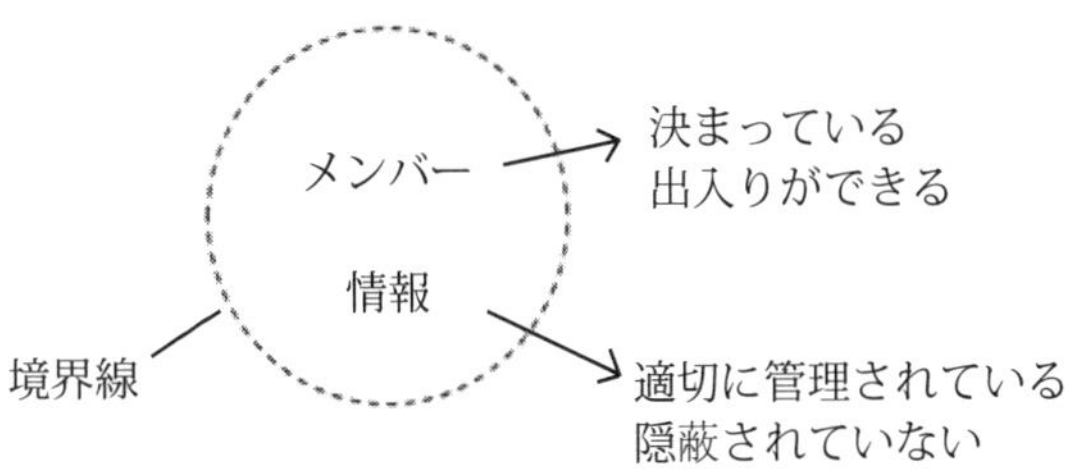

図３　家族の外界との境界

からです。親がキリスト者としての特権意識をもっている場合も同様です。

境界が固定化した家族で問題が起きると、その問題は隠蔽されます。親が子どもに、「このことは外ではしゃべっちゃだめよ」と言う場合もありますし、親は多くの場合、何も言わないのですが、子どもの側でそれを察知して、外では決して語ってはならないと思い込んでいることもあります。親の秘密を知ってしまったこと、家庭内暴力が行われていること、虐待されていることなどは、外で決して語ろうとしません。子どもにとっては大変なストレスです。黙っていなければならないということ自体が虐待かもしれません。

キリスト者の家族の場合は、さらに深刻です。教会での親と、家庭での親の言動が違うことに苦しみます。教会で聞く愛と家庭内の行動の整合性がとれずに混乱します。これも機能不全状態です。

③家族内の世代間境界

もう一つの境界は世代間境界です。親世代と子ども世代の間に境界があるという考え方です。次頁の図4をご覧ください（出典・亀口憲治著、『家族療法的カウンセリング』駿河台出版社、二〇〇三年）。

世代間の境界は、ある程度はっきりしていて、混乱していないことが大切です。親は親、子どもは子どもという役割分担が決まっていて、子どもが親の役割を果たすようなことはありません。

しかしそれでいて、固定化していないことも大切です。たとえば、母親が風邪で寝込んでしまったとき、子どもが柔軟に親のやっていることを肩代わりしたりできれば、その家族システムは機能していると言えます。

図ｂは、世代間境界が混乱している例です。お父さんだけが孤立していて、母親と子どもたちが同じ側にいます。

お母さんがいつも愚痴っていて、それを長女が聴いている。これは親子の役割が逆転してしまっています。いずれも家族として機能しているとは言えません。

自分の人格形成のプロセスを確認するとは、こういった観点で自分を振り返り、そしてそれが今の自分にどういう影響を与えているかを考えてみることです。自分の原家族が機能不全家族だったと判断せ

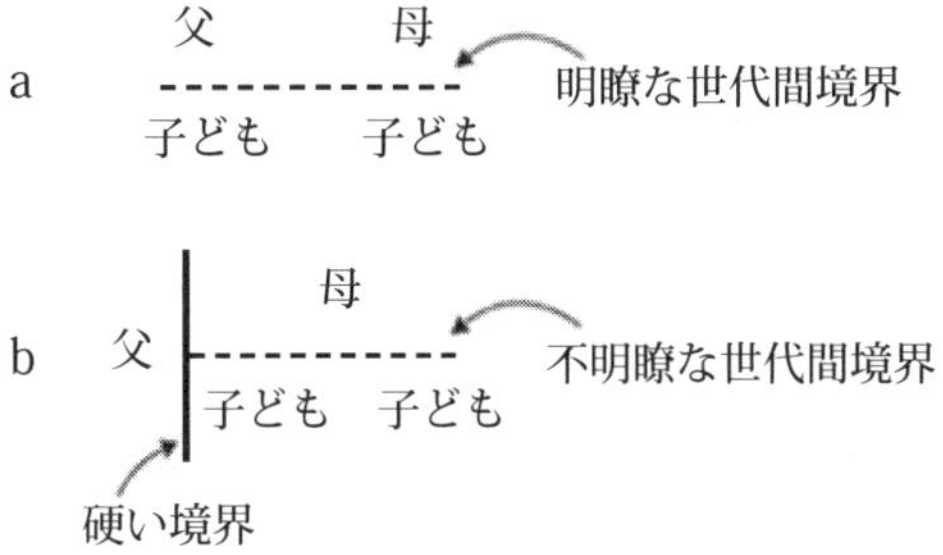

（ａは機能的、ｂは非機能的）

図４　家族境界の機能

ざるをえない場合もあるでしょう。キリスト者の家庭でもいくらでもあり得ることです。機能不全だったことがダメなのではありません。大切なのは、そのことを一つの手がかりに、自分に正直になれるかです。格好をつける必要はありません。

基本的信頼感

エリクソンという人は、人間の成長を、心理社会的な観点から八段階に分けて説明しようとしました（E・H・エリクソン著、西平直・中島由恵訳、『アイデンティティとライフサイクル』誠信書房、二〇一一年）。心理学を専門的に勉強していなくても、「アイデンティティの確立」という言い方をご存じの方は少なくないと思います。エリクソンの第五段階のことです。

相談室に持ち込まれる思春期の子どもさんのケースで問題になるのは、エリクソンの第一段階、「基本的信頼感」です。

人間は生まれてくると、周囲の人との関わりの中で人格形成をしていきます。そのときに、自分にとって好ましいと思える存在が上手に自分に向き合ってくれると、自分の中に基本的信頼感が構築され、比較的健康的に成長していくことができると言われます。そして、自分の生きている世界は「生きやすい世界」であるという認識をもつに至ります。

その役割を果たすのは通常母親ですが、いつまでもベタベタしていればよいのではありません。温かさとともに適切な距離感が大切と言われます。移行対象という視点で子どもの成長を考えたウィニコットは、「ほぼよいといえる母親（Good enough mother）」という表現を使いました。初めは幼児の要求にほぼ完全に応えます。ところが時間が経つにつれて、母親が目の前にいなくても幼児が自分で過ごせるようになってくると、母親はそれに応じて適切な距離を保つことができるという意味です（D・W・ウィニコット著、橋本雅雄ほか訳、『遊ぶことと現実』岩崎学術出版社、一九七九年、一四頁）。

ところが、安心して身を委ねられるような存在がないと、心理的なギクシャクを抱え込みます。そうすると、自分が生きている世界は「とても生きにくい世界」になってしまいます。この心理的ギクシャクは、その後の人格形成に影響すると言われます。たとえば、自己イメージの低さで苦しんでいる方は少なくありませんが、基本的信頼感と何らかの関係がありそうです。

心理相談室に子どもさんの問題が持ち込まれるとき、基本的信頼感はどうだったかという観点が一つの切り口になります。エリクソンの理論は今ではもう古典的という位置づけですが、臨床の現場ではかなり使われています。

自分はこの基本的信頼感が弱かったという受けとめができるだけで、生きる風景はずいぶん変わってくると思います。周囲の人と良い関係をつくることで少しずつ取り戻していこうと思えれば、それもよいことですし、そこが弱かったという自己認識をもてるだけでも、何が何だかわからないという困惑から自由にされます。周囲の人を傷つけないようにしようと心を用いることもできるようになります。

ただし、過去を振り返るのはつらいもので、つら過ぎる場合にはひとりで背負い込まずに、自分が信頼できる専門家の方の助けを求めるのがよいと思います。適切な自己開示ができる、つまり本当に聴いてもらえる経験をするだけで解放される部分も少なくありません。

一番つらいのは、だれにも言えないことです。特に自分の原家族がキリスト者の家庭の場合、いろいろな心理が働いて、自分の正直な経験を語ろうとしないケースが少なくありません。原家族が牧師家庭である場合は、なおさらそうでしょう。

虐待サバイバー

無防備な人格形成のプロセスで、虐待を受けながら生き延びてきた人のことを虐待サバイバーといいます。性的虐待を受けた人も含まれます。

自分の過去を振り返るのはつらいものです。一番楽なのは「すべてのことは良かった」とすることです。キリスト者家庭の場合は特にそうだと思います。なにせキリスト者の家庭なのですから。

ところが実際は、この一言で括ることはできません。キリスト者の家庭であっても、必ずしも人格の尊厳が保証された環境だったとは言えません。殴られて育ったということもあり得ます。

あまりに厳格な家庭で、幼いころに体罰を受けたケースもあります。もちろんしつけと体罰の違いが問題になりますが、自分の生きた時代、その時代その時代の社会通念にオープンであるべきでしょう。三十年前なら当たり前だった体罰が、今では家庭内での体罰を禁じる条例で取り締まられるようになりつつあります。人間の尊厳ということを考えれば、やはり体罰は良くないのでしょう。一定の効用について説明ができても、心理的ダメージを与えている可能性は否定できません。

さて、殴られて育った、しかも親がキリスト者だったケースでは、データを取ったわけではありませんが、虐待サバイバーのメンタリティーと似たものがあるような気がします。権威に対して過剰な反応をしたり、どこか怯えていたり、生きることについて積極的になれなかったり、抑うつ的だったり、低い自己イメージで苦しんでいたりします。被害者意識も見られます。

これも臨床像から見た仮説ですが、キリスト者の家庭で家庭内暴力があったケースは深刻です。キリスト者ではない家庭ならば、キリスト者でないからという言い方で自分を納得させようとしますが、「キリスト者なのになぜ?」という心理的股裂き状態はさらに傷を深いものにします。逆に、キリスト者でない家庭で暴力を受けて育った場合、自分がキリスト者になって、キリスト者家庭を形成することに期待を寄せ過ぎる面もあります。なかなか微妙です。

大切なのは、現状に正直であることです。自分の原家族はキリスト者だったから良かったはずだという押しつけを自分に対してしないでもよいのです。イエスさまの恵みは、立派だったところに注がれるのではなく、正直さに注がれるものだからです。自分の過去と現在について、ありのままでよいのです。

不機嫌、爆発、皮肉は心の傷

人格形成のプロセスで虐待されたり、過度に自分を抑圧してきた人は、うつ的になる傾向があると言われます。抑圧された心の状態は、周囲を攻撃する反動になって現れます。攻撃といってもストレートではなく、いつも変化球です。いくつか現象を挙げてみます。

1　不機嫌——ちょっとしたことで不機嫌になりやすいのが人間です。ものを決めるときに自分が入っていなかったとか、自分が想定していたことが断りなく変えられてしまったとか、自分のところに意見を聞きに来なかったとか、そういったことです。年齢を重ねたときに症状が加速することもありそうです。

不機嫌とは、自分が大切にされなかった気持ちです。自分を大切にしてほしい気持ちが前のめりになると、自分の人格的責任範囲を越えて、「自分を大切にして」というメッセージを発してしまうので、逆に人から距離を取られてしまいます。不機嫌になりやすい人は、人格形成のプロセスで抑圧されたり、虐待されたりしたケースが多いという分析もあります。

2　爆発——何か心の琴線に触れてしまったのか、突然怒り出し、爆発します。怒りの背景に、抑え込んできた傷つきがある場合があります。一度爆発すると、信頼回復にかなり時間がかかります。周囲はその人に恐怖を抱くようになり、「また爆発しないかな」と、当たらず触らずになります。ぶつからなくなるので、本人は自分を大切にしてくれていると考え違いします。

3　皮肉——人をひやかしたり皮肉めいたことを言ったりします。人格の成長は、心理的に追いつめられたときに、どう返すかで測られるといいます。成熟した人はユーモアで返し、未熟な人は皮肉で返します。

4　ピエロ——人生に生きることに真っ正直に向き合うことができず、どこか人生を冷やかしています。ピエロを演じ、「どうせ」とか「真面目にやってもねえ」という雰囲気を醸し出します。

イエスさまの恵みに生かされていく生涯は、正直な現状認識から始まります。正直な自己認識とは自分を責めることではありません。自分が苦しいことはわかっているのですから、あらためて自分を責めても、さらに苦しくなるだけです。メンタルなバランスを崩したときは特にそうです。

ストレートでない心理反応は環境的要因が大きく、環境要因はほとんど自分に責任がありません。たとえば親が変化球ばかり投げていた家族では、子どもは変化球を受け取ることに一所懸命になり、混乱して育ちます。そのような人が成人して、ストレートで正直な感情表現をすることは難しいかもしれません。このことについて二つのことを心に留めます。

ステップ１　今の自分を肯定してみる

自分を責めるのではなく、「ここまでよく頑張ってきたね。もうそんなに変化球を投げなくても大丈夫だよ」と、自分を緩めてみてもよいのではないでしょうか。

ステップ２　変化球を控えてみる

変化球を投げられると、周囲は受け取れません。もっとストレートに表現してくれればよいのにと感じ取られます。投げる球をストレートに切り替えるといっても、いきなり時速一六〇キロの剛速球ではダメです。メガトン級の砲丸でもダメです。自分を大切にしてほしいのなら、相手のことも大切にしなければなりません。キャッチャーに負担や恐怖心を与えない、だれでも受け取れる優しいストレートを投げてみてはいかがでしょうか。ただし注意してください。自分では優しいつもりでも、今までクセ玉を投げることに慣れてきたので、相手には強過ぎるかもしれません。自分の意識ではソッと手渡してみるくらいがちょうどよいと思います。

信仰のイメージ化

もう一つ、キリスト者家庭で起きやすい現象について説明します。「信仰のイメージ化」です。筆者の造語です。

信仰がイメージの世界の中で、一つのイデオロギーのようになってしまう現象のことです。たとえば、どの教会でも、「自分たちが信じるキリスト教の福音はこういうものだ」という、いわゆる「神学命題」や「モットー」があります。ところが、信仰のイメージ化が起きると、信仰が生き方や人格に表現されるよりも、その神学命題やモットーが優先して語り合われるようになります。そうすると、一人ひとりの人格の尊厳が鈍感に扱われます。新しい宗教団体やカルトなどに見られがちな現象です。

ところが、宗教学的・社会学的にはこれでよいのですが、もう少し足もとを見て、心理的側面から考えると、決して人ごととは言えません。

ここで、もう一度、エリクソンの理論に思いを向けます。エリクソンの理論をさらに臨床的に展開した人に、ジェームズ・マーシア（James Marcia）がいます。エリクソンは発達段階を八つの心理社会的段階という一軸で説明しましたが、マーシアは「危機があったか」という点と「コミットしているか」という点の二軸で説明しました。二軸で説明しますので、カテゴリーが四つになります。次頁の表1をご覧ください（出典・無藤隆、久保ゆかり、遠藤利彦共著『現代心理学入門〈2〉発達心理学』岩波書店、一九九五年、一二三頁）。

ここで問題になるのは、危機がないままにコミットだけをしている「早期完了」です。早期完了には、権威主義的傾向が強く、ストレスに弱いという特徴があります。「他者に対して支配的・権威主義的にふるまいながら、いったん切迫した状況に追い込まれると、思わぬ心理的な脆弱さを露呈」します（同書、同頁）。

さて、マーシア理論を信仰に当てはめて考えてみます。キリスト教の環境で人格形成をすると、教会学校から始まって、そのプロセスで信仰的命題を取り込んでいきますので、仮に体験的なものが希薄でも、つまりマーシア理論でいう危機がないままでも、ただコミットしている状態になります。

「あなたの教会の信仰はどういうふうに説明できますか」と問われると、ことばで明快に説明できます。しかし、心理的な危機を経験していないので、オリジナルの人格的風味に欠けます。説教も文言はシャープになりますが、体験的背景が乏しく、神さまの恵みやリアリティーがどこか足りない、人ごとのような感じになるかもしれません。

早期完了の状態は、「信仰のイメージ化」の状態です。実態の自分と、自分が信仰と思

アイデンティティ・ステータス	危　機	傾　倒	概　　略
アイデンティティ達成（identity achivement）	経験した	している	幼児期からのあり方について確信がなくなり、いくつかの可能性について本気で考えた末、自分自身の解決に達して、それに基づいて行動している。
モラトリアム（moratorium）	その最中	しようとしている	いくつかの選択肢について迷っているところで、その不確かさを克服しようと一所懸命努力している。
早期完了（foreclosure）	経験していない	している	自分の目標と親の目標の間に不協和がない。どんな体験も、幼児期以来の信念を補強するだけになっている。硬さ（融通のきかなさ）が特徴的である。
アイデンティティ拡散（identity diffision）	経験していない	していない	危機前（pre-crisis）：今まで本当に何者かであった経験がないので、何者かである自分を想像することが不可能である。
	経験した	していない	危機後（post-crisis）：すべてのことが可能だし、可能なままにしておかなければならないという意識を持つ。

表1　マーシア（1966）のアイデンティティ・ステータス（無藤（1979）を一部改作）

っている内容が統合されていないにもかかわらず、実態で生きるのではなく、イメージの中で生きています。原家族がキリスト者家庭である場合、臨床的に見ると、この現象は起きやすい気がします。どこまでも、自分はこういうキリスト者だと、自分でイメージするものを追いかけていきますので、自分の実態は置き去りにされます。

このようなケースでは、マーシア理論の「アイデンティティ達成」に向けて成長していく必要があります。鍵は「危機」です。自分の人生に起きるライフイベントを、人が悪かったとして周囲を攻撃せずに、自己の振り返りの機会としてとらえていくことができれば、それは大きな成長につながります。このような取り組みの中で、自分の人格的責任範囲を見定めていくということです。

献げてきたもの

さて、自己の受けとめをするためには、献身前の自分、そして献身後の自分を振り返り、何を献げたのか、それは自分にとってどういう意味だったのかを考えてみるとよいでしょう。

環境的に守られ、経済的にも守られて、献身することがすばらしいという親や周囲の期待を背負って、その延長線上に献身の生き方があったというケースがあります。

他方、ある種の断絶があって、何かを手放し、身を引き裂いて奉仕の道に飛び込んできたケースもあります。自分の人生設計を全部捨てた方もいるでしょうし、約束されていた将来をご破算にして献身の道に踏みだした方もいるでしょう。こちらが一般的かなと思います。

神さまは愛のお方なので、イエスさまに「あなたが必要なのです」と言われ、人生まげて奉仕の世界に入ってきた人を、決していい加減にはなさいません。献身するために手放したものが、その後の人生で不思議なように与えられていることを発見することがあります。

神さまはそれぞれに賜物を与え、才能を与え、豊かな個性を与えて、私たちがそれらを受けとめて幸せな人生を生きるようにされました。それなのに、牧師になる人は、なぜそれらに見切りをつけるのでしょうか。摂理的にそういう状況に追い込まれた方もいるでしょうし、「いや、神さまが献げなさいと迫ってきた。献げることが献身だと思った」と言われる方もいるでしょう。誤解しないでください。それが間違いだと申し上げているのではありません。

ただ、献身や召命の提示の仕方には慎重さが必要です。教会が勢いをもっていたときには、献身することがイケイケになってしまう可能性もあったでしょう。家族を断ち切ることが美徳とされ、才能を手放すことが美徳とされることもあったかもしれません。手放すことが美徳とされれば、全部を献げてしまえば楽になるというイメージになります。楽になりたい心理の背景には葛藤があります。心理的葛藤は苦しいので、回避できそうだと思うものがあれば、そちらにいきます。

ところが、青年期に抱え込んだ葛藤と全部を献げることがリンクしてしまえば、心理的には辻褄が合わないまま年齢を重ねていくことになります。そうすると、本当にこれで良かったのだろうか、実は自分の人生に心底納得していなかったのではないかと感じる可能性もあります。

実は葛藤は、自分を知るすばらしいヒントなのです。どこから来ているのかを確かめることで、いろいろなことがわかります。葛藤は、次の成長への胎動です。

成長のステップ

人生は連続性だけで説明できません。エリクソンによれば、それぞれの年代に取り組むべき課題があり、それを上手にクリアすると、次の段階に進んでいくことができると言われます。

だいたい五十歳くらいになると、子どもも巣立ち、仕事も行く先が見えてきます。そのようなとき、フッと自分の人生を振り返ることがあります。四十歳は、いよいよ人生後半だと考えます。六十歳になれば、残りの時期をどうしようかと考えるかもしれません。五十歳はその間で、自分の人生をリセットするなら、これが最後のチャンスかもしれないと、ある種の焦りを感じます。何か新しいことを始める人もいます。どのような選択をするにしても、一度立ち止まって自分の人生に向き合うことで、その後の生き方が変わってくるのではないかと思います。

牧師であれ信徒であれ、仕事を次の世代に譲っていく時が来ます。そのとき、自分の人生をどのように総括するのかはそれぞれが神さまから与えられている宿題だと思います。私は未経験ですので、このことについて何も語ることはありません。

対人援助の現場で職場が変わるときに、満足度の高い仕事ができたという意識があると、次の職場に適用しやすいと言われます。反対に、満足な仕事ができなかったという意識があると、次の職場にとどまる期間が短くなると言われます。「転任ジョイニング理論」の項目でも述べますが、牧師の異動も似たことが言えそうです。前任地での奉仕の満足度が高いとスムーズに次の奉仕に移って行きやすいようです。

もちろんこのことに人生を重ねることはできません。しかし、自分の人生をどのように受けとめ、どれだけそのことに納得しているかは、人生の後半の過ごし方に影響すると思います。

フッと立ち止まって、未消化のものが自分の中にあったことに気づいたとします。そこで若いときの献身の思いを貫くのも一案です。一度献げたのであれば、主に従う純粋な思いをもって決然と踏みだしたのですから、信仰的にはお茶を濁したのとは違います。しかし、固定化はあまり良いことではありません。柔軟に自分のそれまでを見直せばよいという考え方もあります。

バランスが欠けていたと感じたら、そのときはもう一度バランスを回復するステップを踏みます。「アラフィフ」だからこその恵みです。一度立ち止まることでこれからを展望できれば、それは健全な自己の受けとめにつながるでしょう。いわゆる、人生の「地図の書き換え」です。柔軟さは病理を防止します。

牧師の神イメージの重さ

健全に自己を受けとめるために、最後にこの問題を考えます。自分の中に取り込まれている神さまイメージの問題です。

生後一～二年の間に形づくられる基本的信頼感は、自分がどのような神さまイメージを取り込んでいるかと関係があります。自分がどのような神さまイメージを取り込んでいるかは、他者とどのような関係を築くかとも関係があります。

もし自分の心の中に取り込んでいる神さまイメージが裁判官やえんま様に近いものであれば、いつも見張られている緊張感が心の中に存在し、それは、人との関わりや聖書の読み方、ひいては説教の内容にも言外に表現されます。

逆に、自分の中に取り込んでいる神さまイメージが愛に溢れた父・牧者であるならば、他の人とそのような関係を築くでしょうし、同じみことばを語っていても、温かさや愛が言外に表現される説教になるでしょう。

正しい神学を語っていれば、聞いてくださる信徒の方々が生かされるかというと、必ずしもそうではありません。神学が正しくても、陳腐な説教になる場合もありそうですし、説教の組立てはまずくても、リアリティーと温かさのある、信徒の方々の心に届く恵みのメッセージを神が語らせてくださることもあるかもしれません。牧師の責任は小さくないと思います。

みことばを語る奉仕は厳粛なものです。そのためにも、自分の神さまイメージがどのようなものであるかを考えてみることには意味があります。私たちの希望は、取り込まれた神さまイメージも生涯で変化する可能性があるということです（参照、『神さまイメージと恵みの世界』いのちのことば社、二〇一八年）。

第四章　他者との関係が見えてくる

前の章では、自分とどのように向き合っていくかについて考えました。この章では、人との関わりについて考えます。特に、牧会の現場のいくつかの問題を取り上げてみたいと思います。

信徒の方、あるいは対人援助に関わっておられる方も、可能な範囲でご自分に重ね合わせながらついてきてください。

ここで一つ事例をご紹介します。

◆事例検討

女性の牧師、Aさん。三十四歳。神学校を卒業してやる気満々で牧会を始めた。自分が現場に出れば、下火になった教会をもう一度盛り上げることができると密かに思っているようなところもあった。しかし実際に出てみると、一番大変だったのは説教で、毎週の礼拝、午後のグループの集会、水曜日午前と夜の祈禱会のために説教原稿を毎週用意しなければならないことに思い悩むようになった。このようななかで、昭和の右肩上がりの時代から、共働きの妻といっしょに教会の中心を担ってきた役員Bさんが、大変そうな先生を慮って声をかけた。Aさんも気を許すようになり、ある日、「Bさん。教会堂の裏庭の草、伸びちゃったのよ。刈っといてくれる」と頼んだ。ところがBさんは、それまでとは違うイメージの反応をした。「先生。先生のおっしゃることはごもっともですが、ちょっと失礼じゃありませんか。」Aさんはショックを受け、「ごめんなさいね」と言って、その場はなんとか繕ったものの、役員であるBさんとは話をしなくなった。

気持ちを読み取る

Aさんの中で何が起こっていたのでしょうか。

Aさんはそもそも上から目線だったかもしれません。Bさんは男性で、社会経験も豊かであり、昭和の時代から教会を担っているということは、年齢もかなり上です。上から目線の接し方しかできなかったAさんは、Bさんの気持ちを感じ取る感性がなかったとも言えます。

Aさんは、Bさんの人格的責任範囲にまで不用意に足を突っ込んでしまったとも言えます。「先生のそのような言い方、ちょっと失礼じゃありませんか。」この言い方は、「先生。草を刈るか刈らないかは、私の人格的責任範囲の問題ですよ。ですから、あなたに命令されることではありません」という警告だったかもしれません。

とても良かったのは、Bさんが自分の感じ方を言ってくれたことです。あまり良くないのは、感じているのに言っていただけないことです。ひとり相撲になってしまいます。牧師は、どうしたら気兼ねなく言っていただけるかを考えなければなりません。

自分が「〜してください」と頼んだとします。そのとき、「〜してください」と頼まれた側の気持ちを想像してみることです。この人なら助けてあげたいという気持ちで、すぐに行動に移してくれるかもしれません。しかし、なんでこの人にこんなことを頼まれなければいけないのだろうかと思っているかもしれません。日曜日はゆっくりしたいと思っていたのに、教会にまで来て人に命令されなければならないのかと憤慨しているかもしれません。

このようなイメージ力が当たり前に備わっていれば、人に命令などできないことはすぐにわかります。社会でウィークデーに上司から命令されている方が、教会に来てまで人から命令などされたくないと思うのはおかしなことではありません。

「いや、社会で人が人にものを頼むのは当たり前だ」とお感じかもしれません。しかし忘れてならないことは、教会には社会契約関係がないということです。社会契約関係とは、たとえば給料を受け取っているとか、そういうことです。教会はどこまでも自発的なコミュニティーです。だれがだれにも命令できない、そういう集まりです。

社会のステータス、神の国のステータス

ここで考えたいことは、社会のステータスと神の国のステータスがあるということです。信徒の方は月曜日から土曜日まで、それぞれの現場で生きています。社会のステータスです。

そのステータスは基本的には神の国に持ち込みません。仮に社長さんであっても、「自分は社会でこのような仕事をしているから、皆さんは従ってください」という言い方はできません。

しかし同時に、「そのようなステータスは神の国なのだから全部捨てなさい」と周囲が言うのも、少し行き過ぎであるような気がします。キャリアに対して敬意を払うのは礼儀

です。

牧師にとって大切なことは、一人ひとりにそれぞれ背景があって、そういったものをあえて教会で出さずに奉仕していてくださることに対する感性があるかということです。先ほどのAさんとBさんの関係はどうだったでしょうか。Bさんは男性で、社会経験もあります。教会の集会に参加し、奉仕していることは、当たり前のことではありません。Aさんに、そのことに関する感性があったでしょうか。

仕切るのはなぜ？

関係づくりで大切なのは、自分の人格的責任範囲が見えていることです。「自分はこの場面で、ここまでやっていいんだな」とか、「こういう言い方をすると、他の人は不快に感じるんだな」とか、「自分の立場を考えたとき、こういう言い方はしないほうがいいな」とか、「自分は牧師だけれども、あの信徒の方は自分よりも経験も年齢も上だから、社会通念からしてこういう言い方は避けたほうがいいな」とか、そんなことがだんだんと見えてくるということです。

お願いもされないのに仕切る人がいます。本人は気づいていないかもしれませんが、嫌われます。仕切ってしまうのも、自分の人格的責任範囲の問題です。自分の人格的責任範囲が見えていない、つまり自分が見えていない証拠です。自分がどういう状況に置かれているのか、自分は周囲の人とどういう関係なのか、そのことを感じ取れる感性があれば、周囲に違和感をもたれたまま本人が気づかないような仕切り方はできないはずです。

信頼メーター

説明するためのイメージですが、自分の中に「信頼メーター」があると考えます。周囲の方々から信頼をいただくと、メーターは上がり、逆に信頼を失うと、メーターは下がります。いずれゼロになります。

この「信頼メーター」は、満タンにするためには時間がかかるのですが、空にするのは簡単です。上から目線で命令しただけで三分の一減り、三度命令すれば空です。保身と取られる発言、さりげないプチ自慢なども、二度もあれば空になる、そんな感じのものです。気をつけなければなりません。

やり過ぎず、やらなさ過ぎず

信徒の方は、イエスさまのために、そして教会のために一所懸命奉仕してくださいます。まずは、このことが当たり前でないということを肝に銘じておかなければなりません。信徒の方は真実にお仕えしたいという気持ちをもっておられるのですから、それを上手に支え、生かしていくのが牧会です。

そのとき、その方がどこまでできるのか、どこまでやりたいと思っておられるのか、これは人さまざまですが、そのあたりの線を感じ取ることが大切です。

教会の皆さんが自分でやりたいと思っていたことを牧師が無神経にやってしまえば、がっかりされ、「先生がやるんなら、自分はもうやらない」と、手を引かれてしまうかもしれません。

逆に、信徒の方が重荷に感じ始めて、正直なところやめたいのにやり続けなければならないと思っていれば、それも大変です。教会生活と奉仕はただの義務になります。牧師が心の中で、教会の皆さんが大変になってしまわない線を感じ取っているのも、牧会の重要な一面です。温かい見守りが必要です。大変そうだからと勝手に決めつけて、相手の気持ちも考えずに奉仕からはずすのはどうかと思います。ハラスメントになる可能性がありま す。

ほんの少しだけ頑張っていられるくらいが、ちょうど良いのかもしれません。大変そうだなと感じたら、気づかれずにそっと補い、やってくださりそうだなと感じたら、それを最大限尊重して、これも気づかれないように背後で支え、祈っていく。そんな柔軟性をいただきたいと思います。

パワー・バランスの不均衡

牧師と信徒の力関係について考えてみます。

この問題は教会政体によってかなり幅があります。筆者の属しているグループは監督政体なので、役員会など民主的な手続きを十分経てのことですが、最終決済を牧師がするかたちになっています。招聘制のグループであれば、長老制ならば長老会が、会衆制ならば会衆が決済する形を取ります。

ここで牧師が知っておかなければならないことがあります。それは、監督政体の牧師は権限をもっているので立場が強いはず、招聘制の牧師は権限がないので立場が弱いはずと考えるのは必ずしも正しくないということです。

実はここにはからくりがあります。もし牧師が権限を行使するタイプの牧会をすれば、監督政体では一見牧師のほうが強く見えます。ところが、信頼関係を構築しようとすると、実は権限をもっていない側のほうが強くなるのです。権限をもっていない分、好きなことが言えるからです。互いが自由に発言しながら信頼関係を築いていこうとすると、最終決裁権をもっている牧師は、ますますへりくだって耳を傾けなければなりません。力関係が弱くなります。

このようなダイナミズムは牧会の現場ではいくらでもあることで、そのときに欠かせないのが、自分の人格的責任範囲が見えているかという問題なのです。

教会であってもそこに心の交流があれば、葛藤が生じるのは自然です。もし「うちの教会はだれも葛藤を感じていません」と言える教会があったら、それは活動を何もしていない証拠です。葛藤を感じるとき、自分の人格的責任範囲が曖昧だと、心理的に巻き込まれてしまいます。転移・逆転移の起こりまくり、みたいな感じになります。

権限を委ねられた側こそ、自分が司令塔にならない節度が求められます。これは牧師だけではありません。信徒の代表的な人が権限を握ってしまうこともあります。牧師であれ信徒であれ、権限をもっている人が立場の弱い側への感性を失えば、あとは力関係しか残っていません。結局、強い人が支配する教会になります。一番悲しまれるのは、教会のかしらであるイエスさまでしょう。

教会規則・教団規則の意味

皆さんの属しておられる教会には、開設まもない教会でもないかぎり、必ず教会規則があります。なぜ規則があるのでしょうか。

組織である以上、みんなが守るべきルールは必要です。しかしそれが教会規則をもつ理由ではありません。教会規則、（教団の場合なら）教団規則は、実は「権限を委ねられていない弱者の権利を擁護するため」にあります。たとえば監督政体の場合、最終決裁権を牧師がもちます。教団の場合は、教団の代表者がもちます。そうすると、決めることができる側と、決めたことに従う側という著しい力関係のアンバランスが生じます。規則はそのアンバランスを多少なりとも解消するためにあるのです。

もしそうだとするならば、権限を委ねられた側に、規則に則って運営する必要があるのは当然のこととして、現場寄りにルールを適用しながら運用する道義的責任が生じます。ルールの範囲内だからということを言い訳に、自分に都合のよいように、自分寄りの運用をしていては組織は成り立ちません。

教会規則とはこういうことです。「私はこの強大な権限を委ねられてしまいました。そのような権限を正しく行使するだけの資質はありません。少なくとも、このルールを踏み越えて、現場に不利益になるような勝手なことはいたしません。私が正しく権限を用いることができるよう祈ってください」という意味なのです。

心的プライマリーバランス理論

筆者の造語です。「プライマリーバランス」は経済に関する用語です。それに「心的」ということばを付けています。人間の心は交流しており、心理的エネルギーの損得をどこかで感じ取っているという意味です。人間心理の損得のバランスを表すためにわかりやすいので、この言い方を使っています。

一対一の心的プライマリーバランス

人間関係は、互いに心の中でやりとりをしていて、心のエネルギーのバランスが取れているうちはよいのですが、一方だけ損をするようなことが続くと、いつか破綻します。人間は人にコインをあげてしまうので、それをどこかで取り返さなければならなくなります。たとえば、一対一の人間関係ですが、「自分はあの人のためにいつもお土産を買ってくるのに、あの人は自分に一度もお土産を買ってこない」という声を聞くことがあります。こうしたことが一度くらいならよくても、これが何度も続くと、心的プライマリーバランスが崩れます。心の中では、「どこかで取り戻さなければ」と感じています。無意識かもしれません。

その逆もあります。自分が見返りを期待せずに（ここが大切なところです。見返りを期待しながらやってあげていると、それは相手に感じ取られ、「この人、計算してやってるな」と思われます）だれかのために何かをやっていると、それが思わぬ祝福となって戻って来ることもあります。これは問題になりません。だれからも批判されません。

イエスさまの愛によってこのバランスは崩れるのですが、それが続かないときもあります。自分が得している側であれば、やはりいつまでも甘えていてはいけないと思います。

教会の人間関係になると、少し複雑です。たとえば、牧師が見返りを期待せずに信徒のために何かをやり過ぎると、神さまにつながる牧会ではなく、その信徒の方が牧師へお返しすることが大切になってしまいます。それが献金になったりします。また牧師サイドも、

「こんなにやってあげているのに。吸い取られるばかりだ」という思いがいつのまにか湧いてきます。

もちろん、感謝の念から献げたり奉仕したりすることはすばらしいことです。それを否定しているのではありません。しかし、どういう意味で心の交流がされているのかを感じ取る感性が大切だということです。

教会の心的プライマリーバランス

人が教会に来るのは、当たり前のことではありません。理由があるから来るのです。その意味では正直です。

どのような理由で来ているのでしょうか。牧師さんの説教が良いから。これは教会に来る理由になるでしょう。しかしそれだけではありません。交わりが楽しいから。奉仕に参加することで癒されるから。音楽が元気をくれるから。これらは、心的プライマリーバランスの加点ポイントです。洗礼を受けるなど、教会に新しいメンバーが加えられた。これも加点ポイントです。

ところが、減点ポイントもあります。あまり励ましをもらえないまま奉仕だけ過重で、

郵便はがき

恐縮ですが
切手を
おはりください

164-0001

東京都中野区中野 2-1-5

いのちのことば社

出版部行

ホームページアドレス　https://www.wlpm.or.jp/

お名前	フリガナ	性別	年齢	ご職業
		男・女		
ご住所	〒	Tel.　（　　）		

所属（教団）教会名	牧師　伝道師　役員 神学生　CS教師　信徒　求道中 その他 該当の欄を○で囲んで下さい。

アドレスをご登録下さい！

携帯電話 e-mail:

パソコン e-mail:

新刊・近刊予定、編集こぼれ話、担当者ひとりごとなど、耳より情報を随時メールマガジンでお送りいたします。お楽しみに！

ご記入いただきました情報は、貴重なご意見として、主に今後の出版計画の参考にさせていただきます。その他、「いのちのことば社個人情報保護方針（https://www.wlpm.or.jp/about/privacy_p/）」に基づく範囲内で、各案内の発送などに利用させていただくことがあります。

いのちのことば社＊愛読者カード

本書をお買い上げいただき、ありがとうございました。
今後の出版企画の参考にさせていただきますので、
お手数ですが、ご記入の上、ご投函をお願いいたします。

書名	

お買い上げの書店名

町
市　　　　　　　　　　　　　書店

この本を何でお知りになりましたか。

1. 広告　いのちのことば、百万人の福音、クリスチャン新聞、成長、マナ、信徒の友、キリスト新聞、その他（　　　　　　）
2. 書店で見て　3. 小社ホームページを見て　4. SNS（　　　　　　）
5. 図書目録、パンフレットを見て　6. 人にすすめられて
7. 書評を見て（　　　　　　）　8. プレゼントされた
9. その他（　　　　　　）

この本についてのご感想。今後の小社出版物についてのご希望。

◆小社ホームページ、各種広告媒体などでご意見を匿名にて掲載させていただく場合がございます。

◆愛読者カードをお送り下さったことは（　ある　初めて　）
ご協力を感謝いたします。

日曜日に教会に行くだけで疲れる。これは減点ポイントになるでしょう。奉仕をしても、だれからもほめてもらえない。もちろん神さまのためにしているのですが、やはり人間ですから「良かったね」のひと言も大切です。人から言われたことばで傷ついてしまった。これは減点ポイントです。それが牧師だった場合は大きな減点ポイントになると思われます。運営のしかたがどうも不透明だ。これも減点ポイントになるでしょう。

牧師だけが目立っているのも、減点ポイントになります。牧師は人前で目立つ必要はありません。いろいろな活動の旗振りは、全部自分でやってしまわないほうがよく、信徒お一人おひとりの賜物に敏感に、なるべく多くの方に取りまとめ役をお願いしたほうが教会らしいでしょう。

このように、加点ポイントもあれば、減点ポイントもあります。合算したときにマイナスになってしまったら、教会に来られる方々に申し訳ないことになってしまいます。神さまの恵みが豊かに注がれているだろうか、教会の皆さんはポイントがプラスだろうか、つまり恵みの中で生かされているだろうか。そんなことを感じ取る感性が求められるような気がします。教会を盛り上げようとするあまり、信徒の皆さんのことをあまり考えずに、また信徒の皆さんの気持ちを感じ取ることもせずに、ただ動員していたら、いつか破綻するかもしれません。

教会と教団の心的プライマリーバランス

教会にはそれぞれ政体があることは先に述べたとおりです。決定権や人事権を監督や牧師がもつ監督制、信徒の代表がもつ長老制、信徒一人ひとりがもつ会衆制などがありますが、どれがすぐれているかを聖書が明言していない以上、一つの政体をファイナルとすることはできないでしょう。それぞれ神さまが導かれた伝統に意味があると理解するのが正しいのだと思います。

どの政体を取るにしても、人事権などの決定権を持つ側とそうでない側の間に心的プライマリーバランスがあります。たとえば監督制の場合ですが、監督あるいは教団が牧師を派遣します。教会は受け取るだけです。もちろんこれでは難しいということで、教団が決める体制を取りながら、教会の要望を受け入れて決めているところもあります。ものの道理からすれば、権限をもつ側が権限をもたない側寄りでものを決めるのが自然です。これが例外的に許されるのは、ものを決める側がカリスマ・リーダーであるなど、その道理を踏み越えるだけの十分な理由がある場合です。しかしこのようなリーダーを立てることが現代の教会にとって良いことなのかという問題もあります。そういう体質が教会のカルト化を招いたという反省もあるからです。

さて、牧師が決定権をもっている場合に、信徒の方々の声に最大限耳を傾けなければならないのと同様、教団が権限をもっている場合、教会の要望に最大限耳を傾けることで心的プライマリーバランスを回復しなければなりません。このことについての感性が欠けているとき、現場は、上に勝手に決められて、こちらは何も言えない、もちろんそれを信仰で乗り越えていければよいのですが、そういった不満が地下化して、その組織は長くもたないでしょう。早晩、心的プライマリーバランスを回復してほしいという要望が現場から出てきます。人間にとって、心的プライマリーバランスは大切なのです。

「賜物」の誤解

心的プライマリーバランスとの関連で考えておきたいことがあります。それは牧師の賜物です。

だれであっても神さまから賜物を与えられています。しかし、「賜物」ほど誤解されているものはないと思います。「生まれつきもっている特徴や才能」のように理解されていますが、聖霊が教会の建て上げのために与えてくださる「聖霊の賜物」はそのようなものではありません。コリント人への手紙第一、一二章やエペソ人への手紙四章から、賜物とは何なのかを学ぶ必要があります。

牧師は神さまに人生をお献げした者として、自分よりも信徒が生かされることを考えます。奉仕は神さまの栄光を求めることなので、ある意味、自分が黒子になれたら成功です。しかし、牧師にも賜物が与えられています。

賜物を活かし合うことの難しさを教会は経験してきました。牧師と信徒が競合することもあったと思います。活かし合うはずの賜物が競争になれば悲しいことです。

大切なのは、賜物そのものではなく、それをどのように使うかです。わきまえもなく、慎みもなく、受け取る側への感性もなく、天真爛漫にそれを使えば、心的プライマリーバランスは崩れます。自分の人格的責任範囲を越えて信徒の中に踏み込んでしまい、人を深く傷つけることもあります。

人間であれば、温度差はあっても、だれでも自己承認欲求があります。承認欲求がコントロールできないと、自分ができることを人前で自慢したくなります。しかし大切なことは、自分がそれをやったとき、教会の心的プライマリーバランスはどうなるだろうかということです。

牧師が自分の才能を自分から持ち出すと、あまりうまくいかないようです。信徒の方は何もおっしゃらなくても、「なんで先生。人前で目立っているんだろうな」と思っているかもしれません。これは心的プライマリーバランスが崩れているときの発言です。

信徒の方から依頼された場合はケース・バイ・ケースです。へりくだってお受けしたほうがよい場合もありますし、それでも丁重にお断りしたほうがよい場合もあります。どのように判断すればよいか。それが自分の人格的責任範囲の問題です。自分がその状況でどこまでやればよいのか。信徒の方は本当にやってほしいと思っておられるのか。そういったことを感じ取る感性が求められます。頼まれたときに自己承認欲求のコントロールができていないと、「いよいよ自分の出番が来た」と思うかもしれません。しかし、「結局、先生、自分がやりたいんだ」と感じる方がいる可能性も考えなければなりません。

信徒が牧師に本当に期待している専門性は、別にあります。明日から頑張ろうと思える、本当に慰めと励ましになる、そして神さまの恵みを知っているリアリティーが感じられるみことばの奉仕です。そして信徒一人ひとりに向き合う真実さです。

ハラスメントの可能性

もう一つ大切な問題があります。それは、昨今、社会問題にもなっているハラスメントの問題です。教会は、何がハラスメントになるのかを学ばなければなりません。数年前、ある週刊ニュース誌が教会のハラスメント問題を取り上げました。ここ数年、日本のキリスト教会でも、人権問題の担当部署の設置、相談窓口の開設、研修、そして超教派の連絡会など、少しずつ理解が広がってきています。

ハラスメントはいくつかのカテゴリーで理解されます。セクシュアル・ハラスメント、アカデミック・ハラスメント、パワー・ハラスメント、モラル・ハラスメントなどです。そして、宗教が関わる場合をレリジャス・ハラスメントと呼びます。牧師が信徒に対して、あたかも自分の部下であるかのように命令や指示をしたり、信徒に対して威圧的な接し方をしたり、自分の味方になってくれない信徒がいると配置からはずしたり、また献金の過度な負担を要求したりします。傷ついて教会を去った方がどれだけいたか、そういう私も牧師をしてきて、自分が知らないところでどれだけご迷惑をかけてきたかわかりません。身の縮む思いです。

教会が一般の社会通念を取り込めばよいということではありません。実は逆で、イエスさまのからだである教会は、ハラスメントについて一般社会よりも高い理念をもっているべきです。

何が問題なのか。ひと言でいうと、人格の尊厳が軽く扱われることです。教会の聖さは、伝道の活発さによって証明されるのではなく、教勢の増加で証明されるのでもなく、イエスさまが委ねてくださった一人の尊いたましいを尊く受けとめているかによって証しされます。それが教会の聖さです。

ここで問題になるのも、自分の人格的責任範囲です。牧師であれ信徒であれ、自分の人格的責任範囲が見えていなければ、人の人格を踏みにじっても何も感じないでしょう。

さらに厄介なのは、教会の場合、そこに信仰的大義が伴うということです。威圧的な接し方をしていても、ある程度神学や聖書を勉強していれば、いくらでも説明ができてしまうのです。「あなたが全部を献げていないからですよ」とか、「従うことを学びましょう」など、一見信仰的な言い方が可能です。「主が立てられた神の器を尊重するのは神の民として当然です」などという言い方がされるようになったら、その群れは黄色信号です。そのことで人が去って行くならば、これほど残念なことはありません。

被害者の方への感性

私のこれまでの奉仕の生涯で、教会を去って行く方もおられました。運営方針にご賛同いただけなかったのか、自分が個人的に申し訳ないことをしてしまったのか、真剣に悩みます。全部は不可能ですが、まず、こちらからお詫びに出向き、そうすると、長いこと我慢しておられたことがわかったり、「先生が理由ではないですよ」と……、「そうですか。でも足りないところもたくさんありますから」と……。出向いても、理由がわからないこともありました。信徒の方が出て行くという決断をするまでには、よほどの苦しみがあったはずです。私の問題の中心は、その苦しみに共感できなかった鈍感さにあったと思います。

ハラスメント被害者はとても苦しみます。気の毒としか言いようがありません。ハラスメント問題は、ただ論じているうちは何でも言えてしまうのですが、自分や自分の関係者が被害を受けると突然風景が変わります。「ああ、そういうことか」と、全部わかります。犯罪なら社会が責任を問いますが、法律に触れる犯罪でないために、かえって漠然としていて、被害者が苦しんでしまう面もあります。ほとんどの人がハラスメントを犯罪だと思っていないからです。しかし被害者にとっては犯罪被害者になるのとあまり変わりません。とにかく苦しむのです。人によってはメンタルを病みます。ＰＴＳＤになって長いこと引きずっておられる方もいます。

ハラスメントの意味を考えるときに最後に行き着くところは、自分と他者の人格の尊厳を大切にできない人間の姿です。自分の人格的責任範囲が見えていることが欠かせません。

加害者への目線と集団心理

ハラスメントの問題でもう一つ考えておかなければならないことがあります。それは、教会は人を裁けないということです。

福音に生きるのであれば、被害者に寄り添うことは当然です。実態がわかると、加害者に対する怒りも湧いてきます。被害を受けた人が加害者に対して怒りを感じるのは当然のことです。しかも、加害者がハラスメントをしているという認識をもっていないことが多いので、怒りだけでなく、持って行き場のない不条理感に苦しみます。私たちはその不条理感に理解を示し、可能なかぎり耳を傾け、寄り添うことが大切です。被害を受けた方に寄り添おうとすれば、牧会者や援助者も、加害者に対して怒りを感じるだろうと思います。被害を受けた方といっしょになって怒ることも必要です。

ここで問題になるのが教会の権威です。教会は、懲戒についてのルールをもっています。しかし、人間には人を裁く権限はありません。そのルールは人を裁くためのものではなく、回復のためのステップです。

被害者に寄り添うことで勢い余って、集団で加害者を糾弾し、社会的制裁を加えることは、教会の役割ではありません。ジャーナリズムは市民の知る権利を補足し、それが社会的制裁につながることもあります。しかし、教会は違います。イエスさまは気の毒な女性を前に、律法学者とパリサイ人に言われました。「あなたがたの中で罪のない者が、まずこの人に石を投げなさい」（ヨハネ八・七）。

私たちは例外なく、いつでも被害者になる可能性があります。しかしさらに大切なのは、いつでも加害者になる可能性があるということです。自分がいつ加害者になるかもしれないという認識が希薄であること、これがハラスメント問題の本質です。当事者意識の欠如です。そしてこれは、他者への感性の欠如です。自分も加害者と変わらない、同じ弱い人間なのだという感覚があれば、そこから守られる可能性があります。そしてこのことも、人格的責任範囲の問題と関係がありそうです。

信徒から牧師へのハラスメント

さて、牧師が信徒からハラスメントを受けることもあります。牧師が強い態度に出ないことがわかると、牧師が信徒から威圧的な接し方をされ、そのことで牧師が疲弊してしまうこともあります。方向が逆なので、ハラスメントとして認識されにくいのですが、人間の尊厳を尊重しないという意味で立派なハラスメントです。

牧師であれば、良い牧会をと願って努力します。一所懸命やってきただけに、信徒の方々から不当な言い方をされることがないか心配になります。

たとえば信徒が、「牧師家庭の子育てや休暇のもち方など、牧師の職務と関係のないことについて」介入したり、「牧師職は『聖職』と考え、二十四時間絶えず牧師職を要求したり、忙しさや貧しさ（清貧）を牧師に求めたりすること」もあり得ます（参考、日本バプテスト連盟『ハラスメント防止テキスト、教会と暴力Ⅰ』二〇一一年、一四頁）。このようなことがあれば、ある程度は牧会対応で切り抜けようとするでしょう。しかし何度も繰り返されれば、それは牧会対応のまずさではなく、ハラスメントです。牧師も人間ですので、人間として接してもらう尊厳と権利をもっています。

神学教育環境再考

神学教育環境は学びと訓練の場ですから、教会よりもハラスメントが起きやすい環境であると言えます。しかし、神学教育の現場で人格の尊厳の尊重という視点が失われれば、訓練の場は修羅場です。一昔前はわからなかったことが多く、閉鎖空間の中で傷ついて、今も苦しんでいる方がおられるのも事実です。

防衛や警察関係の方、スポーツ関係やジョッキーの方など、専門性を身につけようとする若い方々が、朝から夜寝るまで、普通では考えられない厳しい環境で訓練を受けているドキュメンタリーがときどきテレビで放映されます。神学教育環境もこのイメージが被るかもしれません。

牧師はある意味で、一般専門職以上のプロ意識が求められる仕事です。しかし大切なのは、厳しさの押さえどころです。一般の専門教育と神学教育はどこが違うのでしょうか。神学教育環境の特徴を挙げてみます。

1　自己開示をするため、無防備になって、傷を負いやすいデリケートな環境であること。

2　人の心に関わりをもつための人格性が問われる訓練であること。

3　愛、すなわち相互尊重に基づく関係を身につけるための訓練であること。

これが、一般の専門職との違いです。

神学教育の現場は、学生が自分の人格的責任範囲を確認する場です。だからこそ教師が、自分の人格的責任範囲を明確にしていなければならないのです。踏み越えてしまったときもあったなあと、私も反省しきりです。

この明確さは信頼関係の土台です。教師が、「何かあったときには心の中に踏み込んで来る」というイメージを醸し出せば、学生はいつも警戒していなければなりません。人によっては、恐怖を感じるかもしれません。人間は、安心できる環境でなければ、自分に向き合うことはできません。

イエスさまはヨハネの福音書二一章にあるように、傷ついた心を癒し、温め、造りかえてくださる方です。踏み込むようなやり方でなく、尊重するやり方です。私たちの涙とともに、ソッと傷を洗い流し、罪はすでに赦されていると優しく宣言し、新しい恵みの段階に導いてくださる方です。「イエスさまってあたたかい」と思います。

サイコロジカル・バンディッジの怖さ

神学教育環境においては自分の人格的責任範囲がとても大切であると述べましたが、ハラスメントと並んで自分の人格的責任範囲を越えてしまう現象を一つ挙げておきます。サイコロジカル・バンディッジ、日本語に直すと「心理的拘束」です。神学教育の環境だけでなく、牧会の現場でも気をつけておかなければならないことですが、あまり認識されていません。

簡単にいうと、「だれかに心の深い部分を話すと、話した人と話を聴いた人との間に心理的拘束関係が生じる」という意味です。話した内容が深ければ深いほど、拘束力は強くなります。皮肉なことに、話を聴くことが、話してくれた人の自立を妨げてしまう可能性があるのです。しかも、これが恐ろしいのですが、いったんできあがったサイコロジカル・バンディッジは、支配されていることに気づいて自分の人格的責任範囲を意識的に引き直そうとしないかぎり、おそらく一生涯続きます。いわゆる「お世話になった先生」が何かというと顔を出す心理です。

サイコロジカル・バンディッジができあがったとします。話をした人は、何か困ったことがあると、またその人のところに行きたくなります。自分では「あの先生はすばらしい」みたいに思っていますが、それがサイコロジカル・バンディッジであることに気づいていません。極端な話、どれだけ旅費をかけても出かけて行きます。

ハラスメントは相手を支配し、相手を傷つけてしまう現象です。他方、サイコロジカル・バンディッジは相手を支配しながら、相手と心理的に近くなる現象です。どちらも自分の人格的責任範囲を踏み越えます。

傷つけられているのに離れられないという関係もあります。カルトなどはこれです。しかし、よほど依存的でもなければ、傷つけられればそこから離れようとします。ですから、むしろ安全なのです。他方、サイコロジカル・バンディッジは、双方がうまくいっているると感じてしまうため、そこに支配関係があることに気づかず、問題だという認識がない以上、決して離れようとしません。ハラスメントと逆の意味で深刻な問題なのです。助ける側は自分の働きが成功していると思い違いをします。「自分がだれだれを導いた」と言いたくなる関係も、サイコロジカル・バンディッジである可能性があります。

心を開いて聴いてもらう関係はいくらでもあります。本当に困ったときの一時的なサポートは必要です。大切なことは、話を聴く側が自分の人格的責任範囲を認識していることと、サイコロジカル・バンディッジができあがる可能性があることを知っていることです。

話を聴くときには、まず「自分は一生涯この人を拘束してしまうかもしれない」と考え、本当に自分が聴くべきなのか判断します。他の人が聴いたほうがよい場合もあります。そのうえで、聴くべきだと判断したときには、サイコロジカル・バンディッジができあがってしまわないように注意する必要があります。この関わりのスタンスは「話を聴いてもらえなかった」という印象を与えてしまうことと紙一重で、レベルが高いのですが、その人を一生涯支配し続ける恐ろしさを知っていれば、とても大切なことです。

神学教育環境でも、サイコロジカル・バンディッジができあがる可能性を否定できません。聴かなければならない場面もありますが、深い関係や聴き過ぎる関係は避けたほうが安全です。ベタッとした関係ができあがります。一生涯拘束することになります。イエスさまに委ねて見守ることのほうが大切なのです。そのほうが力を要します。

アメリカでお世話になった先生がこのように言っておられました。学生から個人的な問題について相談を受けることがあり、ときには性に関することなど深い話になるそうです。相談内容が深い話になる可能性を察知したときは、話を聴く前に尋ねるといいます。「本当に私が聴くべきなのでしょうか。もし話をすれば、あなたは今後、私のことが気になる存在になるかもしれません。その可能性があっても話したほうがあなたにとって解決になるのなら、どうぞ話してください。」

牧師や教師は、どちらかというと人を助けたいと思っているので、「聴きたがりや」です。一度話を聴いた人がまた自分のところに来てくれると、悪い気はしません。先ほどの先生が言われた「気になる存在」に自分がなりたいのです。実は相手の方がまだ自立するところまで行っていないことに気づかず、自分が有能な奉仕者だと思い違いします。しかし、何かあって、また自分のところに戻って来るのはおそらく失敗です。奉仕はその人がイエスさまとつながることによって、人として自立することを目指すものだからです。

聴きたい心理や、頼られると悪い気はしない心理は、自己洞察の材料になります。なぜそういう気持ちになるのかを考えることで、自分が見えることがあります。自分の人格的責任範囲がわかっていない心理の表れである場合もあります。

人の心と関わる牧師や教師こそ、自分の人格的責任範囲を認識していなければならない理由がここにあります。

このようなことを論じると、人の話も怖くて、おちおち聴いてもいられない、また、そんなことを気にしていたら奉仕はできないという感想をもつ方がおられるかもしれません。話を聴いてはいけないということではありません。話を聴くときに、どういう心構えが必要になるかという問題です。

人によっては聴くべきでないという結論を出さざるをえない場合もあります。そのときは、相手の方を傷つけないように、一応聴いて、ある程度のところで終わりにするか、あるいは、お話を聴かないほうがよいかもしれません。

一般的にお話を聴くときには、以下のことを心に留めておきたいと思います。
１　サイコロジカル・バンディッジのメカニズムを知っておくこと。
２　人の話を聴いてあげている自分に酔わないこと。聴いていることが、有能な奉仕者の証しでないことを知っておくこと。
３　話を聴くことではなく、相手の人が自立することが目的であることを肝に銘じ、自分の心の中では、相手の人が自分で判断できるようになることを目指すという方向性をいつももっておくこと。

4　相手が自分に依存的になりそうだと感じたら、温かさを失わないように最善の注意を払いながら、適切な距離を取ることを心がけること。

5　聴いている自分が、心理的に相手に依存的になっていないか注意すること。

これらのことを心がけて、良い聴き手として整えていただきたいと思います。

心の感度を上げていく

他者との関係づくりについて考えてきました。自分の人格的責任範囲が見えていて、他の人の現状を感じ取ることができる感性があったでしょうか。

生まれつきそのようなものがある人はいないでしょう。ですから、相手の気持ちを感じ取ろうと心がける。そういう姿勢で、日常の人間関係、奉仕の現場での人間関係を見直してみる。これだけでも全く違ってくるはずです。

これは「受け手志向」(receptor-oriented) の考え方、つまり相手の立場からものを考え、相手の立場に立って、その人の気持ちを感じ取ろうとする姿勢です。

きょうお目にかかる教会の方が、今、どういうお気持ちなのだろう。玄関を入って来られるとき、一週間何があったのかな。どういうお気持ちで礼拝に来られたのかな。自らに問いながら、心の感度を少し上げてみてはいかがでしょうか。

第五章　牧師の仕事が見えてくる

この章では牧師という職の観点から、人格的責任範囲について考えてみます。

牧師職の三階層

まず、牧師職が一般対人援助職とどう違うかですが、次頁の図5をご覧ください。三つの階層で整理しました。人から見える部分が「実践（関係性）」です。見えない部分が「スキル（専門性）」と「コミットメント（人格性）」です。実践も大切ですが、より大切なのは、見えない部分の専門性と人格性です。さらに、一番大切なのは、「実践（関係性）」と「スキル（専門性）」を支えている「コミットメント（人格性）」です。

神さまの畑では、いろいろなタイプの奉仕者が尊く用いられます。それはそれで良いことです。しかし、いくつかのことは心に留めておきたいと思います。たとえば、外側に見える「実践（関係性）」が明確で、内面的な部分が希薄な場合もあります。見えない部分で形成されていくアイデンティティが不明確でありながら、外側に表現される主張が明確になるパターンは、マーシア理論でいうならば、「早期完了」の状態です。信仰的な立場や命題についてことばでハッキリ言えるために、周囲からは一見信仰的に見られますが、「コミットメント（人格性）」の部分が弱いので、オリジナリティーに欠ける感じがします。大切なのは、「コミットメント（人格性）」の部分です。イエスさまと出会うオリジナルな体験です。

イエスさまとの出会い方で違ってくる

牧師職には、見えない「コミットメント（人格性）」の部分に、「イエスさまとの出会い・

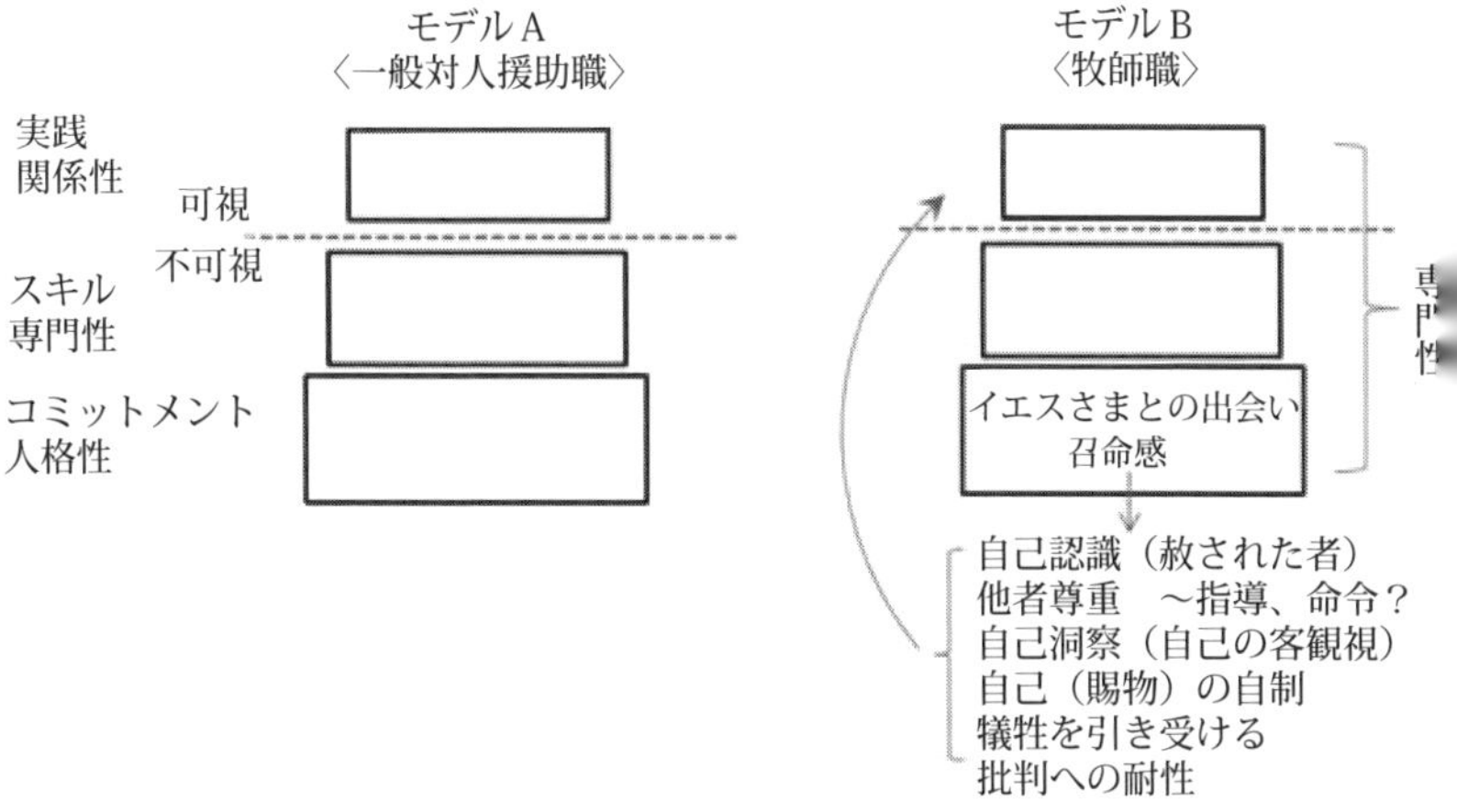

図５　牧師職の３階層

召命感」があります。これは一般対人援助職との違いです。

イエスさまとの出会いは、次のことに表現されます。

1　赦された者としての自己認識です。ただ赦された者にすぎないという謙虚さです。

2　他者尊重です。これは自己認識、自己尊重がなければできないことです。状況や関係性を考えずに安易に人を指導してしまったり、人に命令してしまったりして、教会内の人間関係や信頼関係を崩してしまうこともあります。

3　自己洞察です。自己認識と他者尊重の感性を養っていくために、自分を客観視できる視点は欠かせません。第三章で述べたように、心的カメラをもつこと。他者の見方を参考にすることは大切です。

4　自己（賜物）の自制です。牧師が自分の才能を発揮することで、信徒の皆さんに嫌な思いをさせてしまうこともあります。「なんで先生は、あんなに自分ができることを、お願いもされないのに人前でやっているのかな」という受け取られ方もあるのです。周囲を感じ取る感性が必要です。

5　犠牲を引き受けるということです。イエスさまに出会うと、犠牲を引き受けることを学んでいきます。目立つことは好きだけれども、人の目に見えないことはやらないという印象はよくありません。さらに、人のために犠牲を引き受けながら、それを人に言わないでいられる余裕と節度も大切です。

6　批判への耐性です。すべての人が喜ぶような仕事はありません。喜んで受けとめてくださる方もいれば、そうでない方もいます。全員から喜んでいただけるのは難しいということを理解して、仮に批判されたとしても、それを受けとめていける耐性が必要です。教会のために人から批判を受けることは、イエスさまに出会うという体験なしには難しいでしょう。

イエスさまとの出会いは、奉仕に関わる者にとって重要です。さらにこだわっていえば、大切なのは「イエスさまとの出会い」ではなく、「イエスさまとの出会い方」です。イエスさまとの出会い方とは、イエスさまとどういうコンテクストで出会ったのかを考えてみるということです。

イエスさまに出会うとは、救われてキリスト者になったという認識と必ずしも同じではありません。もちろん、キリスト者になったことでイエスさまを知った方もおられると思います。しかし、イエスさまとの出会いでは、深刻なライフイベントや挫折を経験し、自分の罪深さを知ったとか、自分の情けなさに涙したとか、自分の弱さに向き合わざるをえなかったとか、人間の負の部分に正直に向き合ったとか、そういった経験があります。まさか自分がこんなことをしてしまうとは思わなかったような罪、そういう自分に向き合って自分の中にあるモラルが崩壊します。イエスさまに出会うとは、自分のモラルが崩壊することです。

深刻なライフイベントが必須だということではありません。深刻なライフイベントがなくても、真実に自分に向き合い、そのことを通してイエスさまに出会っていく方もおられます。これは、人格形成期の環境に左右されるようで、比較的良好な環境で人格形成をすることができた方は、それほど劇的な変化を経験しないでしょう。大切なのは、真実に自分に向き合えるか、つまり自分のモラルを問うようなところにいけるかです。

弱さや罪の中で出会ってくださったイエスさまは、私たちの何かを変えます。この意味で、奉仕や牧会の行き詰まりはチャンスです。

奉仕するとは、自分がどのような意味でイエスさまに出会ったのかを自らに問い続けることなのです。

牧師の人格性の構造

次に、牧師の人格性の構造について考えます。次頁の図6をご覧ください。「対面印象」、その内側に「人格的統合性」、そして一番奥に「体験」があります。

　同じ牧師といっても、説教者タイプ、タイプAと、牧者タイプ、タイプBがあります。どちらかというと外向きに表現されるタイプAと、身近な人たちにじっくり向き合っていくタイプBとがあります。

　パッと見、違うのが対面印象です。タイプAは、第一印象がきわめて良くて、挨拶も上手です。人を引き込みます。それに比べてタイプBは、一見見栄えがせず、最初のコンタクトで人を引きつけるようなことはありません。どちらが良いとかいうことではなく、そういうことがあるということです。

　ここで大切なのは、少し時間が経

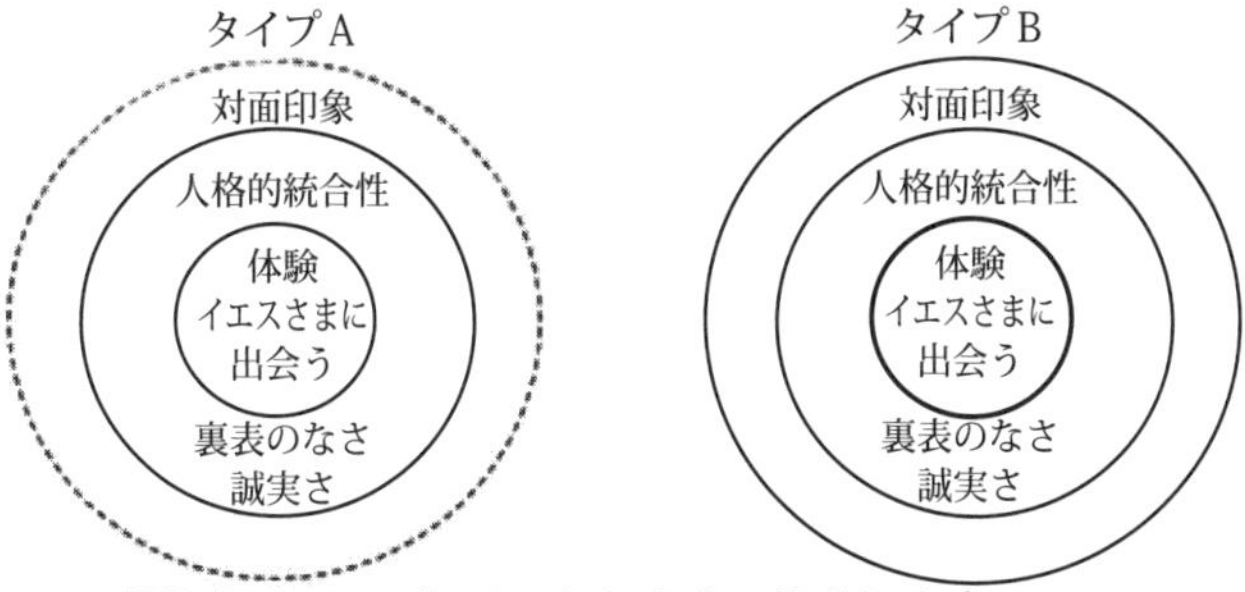

	タイプA	タイプB
強み	説教者 / エバンジェリストタイプ 超教派	牧者タイプ ローカル・チャーチ
考慮点	対面印象と人格性の一致	対面印象に誠実さが表現

牧師職の特異性

——体験の部分でしか勝負できない——

神さまの世界は、見えないところで動いているから

⑴体験から生み出されるリアル性「この先生。体験して語っているな」
⑵状況に左右されないブレのなさ、計算のなさ―人格性のシンプルさ
⑶状況に柔軟に対応できる自由度―相手の人格性への尊重

図６　牧師職の人格性の構造のタイプ

ったときです。図7をご覧ください。最初は対面印象が大きな割合を占めていて重要な意味をもちますが、時間が経つにつれて、すなわち、右側に動いていくにつれて、対面印象の占める割合が少なくなります。逆に、人格的統合性の占める割合が大きくなり、最後は人からは見えていない体験の部分が意味をもつようになります。奉仕は一日だけでないからです。

教会の交わりでは、それぞれの人生を背後にもった状態で人がそのまま集まります。交わりがあれば、心の交流があり、ほぼ間違いなく化学変化が起きます。牧師はその対応に奔走することになります。幸いであると同時に、複雑で、ときとして厄介でもあります。

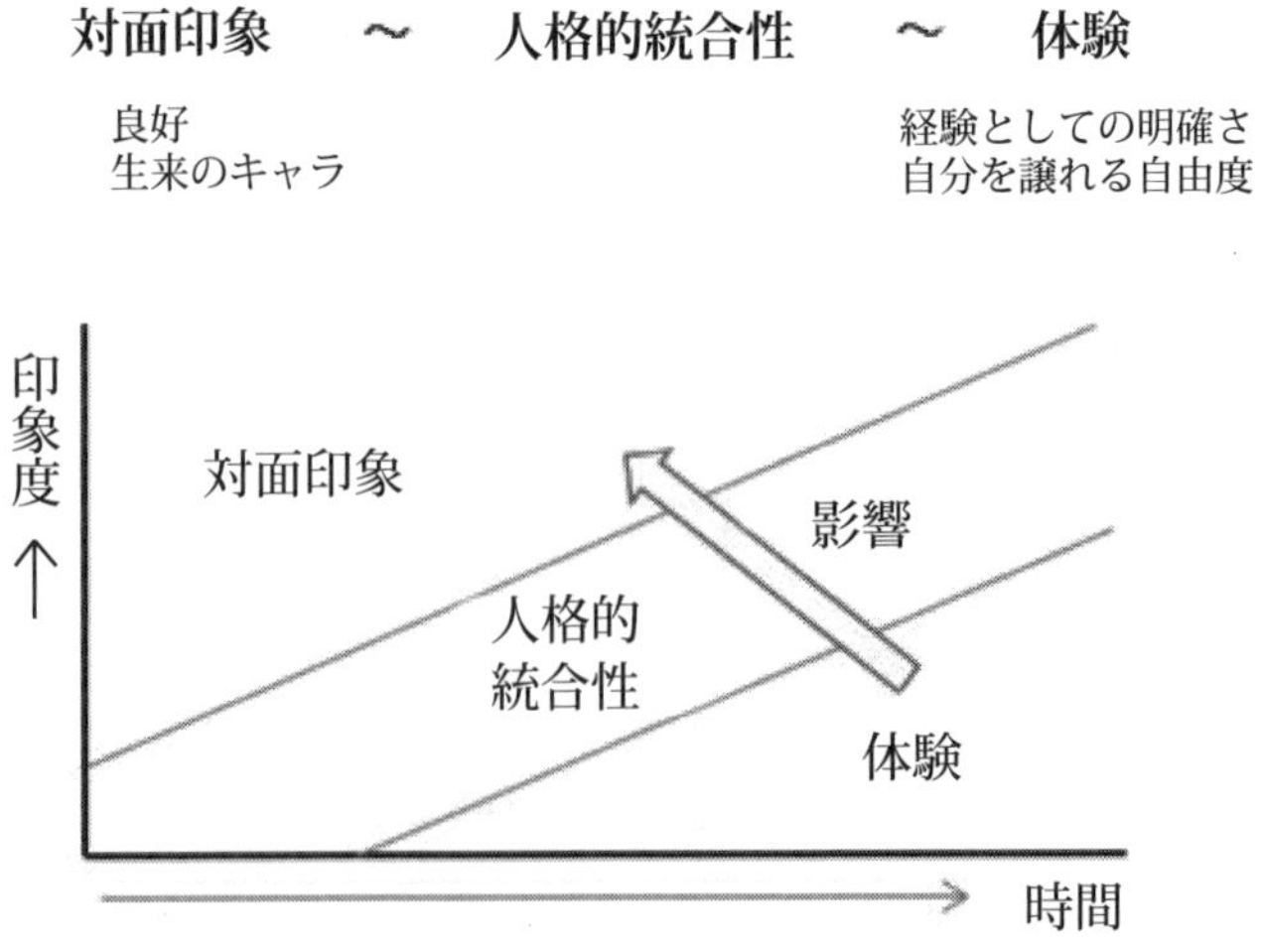

図7 3要素と時間的展望

そのようななかで、わざわざ教会に集まってくださる皆さんが納得できるだけのものがあるとすれば、それは人間わざではありません。

対面印象と、少し時間が経って感じられる人格的統合性にギャップがあれば、見えないところを見ておられる神さまの前に、意味のある奉仕は難しいでしょう。なぜなら、教会の仕事は、信徒の方々から信頼していただけるかにかかっているからです。この点で疑義を抱かれると、奉仕は難しくなります。

対面印象は良いのに、自分の人格的責任範囲が見えていないケースも考えられます。その場合、最初受容しておいて、自分が受けとめきれなくなると、距離をとるか、ポイ捨てしてしまうようなことが起きます。最悪のパターンです。捨てられた側は深い傷を負います。

対面印象は訓練すれば、何とかなります。一般社会でも、対人研修を受ければ、ある程度は身につきます。ところが教会は、店舗の接客と違って、毎週顔を合わせます。

実は、時間が経ってからが勝負です。タイプAかタイプBか、どちらが良いかという問題ではありません。時間をかけてお交わりをいただいて、中身が見えてきたとき、いっしょに信仰生活を送っている身近な人たちからどのように言っていただけるか。牧師であれば信徒の皆さんからどのように言っていただけるか。牧師は信徒の皆さんの信頼なしには仕事ができないのです。

それでは、その信頼感はどこからくるのでしょうか。自分が生み出したものではなく、努力して勝ち取ったものでもなく、イエスさまから与えられるものです。どのような意味でイエスさまに出会ったのか、これに尽きると言えるでしょう。図7の矢印のように、体験から生み出される奉仕・メッセージであるかを自らに問う真実さが人格的統合性につながり、そしてそれが対面印象を生かしているのであれば健康的だと思います。

転任ジョイニング理論

さて、牧師の仕事が評価されるイベントは異動・転任です。転任は人生で何度も経験することではないと思います。しかし、試される場面です。新しい任地をいただくことは栄転ではなく、ある意味でクライシスです。

筆者はそんなに何度も転任したことはありませんが、新しい群れに入っていく経験は何度かあります。それらのことから、少なくとも二つのことは言えそうです。最初の任地での経験がなければ、次の任地で対応できなかった可能性が高いということです。と同時に、それでありながら、どの任地も、どの経験も、前の任地での経験値が全く役に立たない、新しい勉強でした。一見矛盾するようですが、環境が変わるたびに学ばせていただいた恵みの経験だったと思っています。

教会に入って行くときには、自分のやり方でやればよいのではありません。ジョイン(join)すること、ジョイニング、「入って行くこと」という視点が大切です。

一つのコミュニティーに他者がジョインするだけで、そのコミュニティーには、メンバーの力関係の変革が起きます。入って来られる側からすると、革命といってもよいくらいの出来事です。

家族療法の中には、ジョインすることを肯定的に使う考え方があります。一つの家庭に援助者という他者が関わるだけで、その家族のダイナミズムに変化が起きることがあります。上手にジョインすると、家族の問題が良い方向へ向かうこともあります。

教会の場合は家族とは違いますが、入って行く先には、尊いお一人おひとりがおられます。そのようなデリケートな場面で特に大切なのが、自分の人格的責任範囲がハッキリしていることです。そのことで感じ取れるかで、恵みにもなればトラブルにもなるでしょう。

転任などに伴う引き継ぎを三つのタイプに分けました。

1　良好型――前任者を中心に群れがまとまっているケース

2　混在型――いろいろな評価があって、調整が必要になるケース

3　緊張型――前任者と群れの間に緊張関係があるケース

この三つです。これからいくつか図を示しますが、図のAは前任者、Bは後任者、Cは前任者Aを批判的に受けとめている人たちを表しています。

大切なことは、引き継ぎがうまくいったかを判断するのは、AではなくBだということです。引き継ぎの後で実際に仕事をするのはBだからです。

このことを心に留めたうえで、三つの型を順番に見ていきます。

良好型

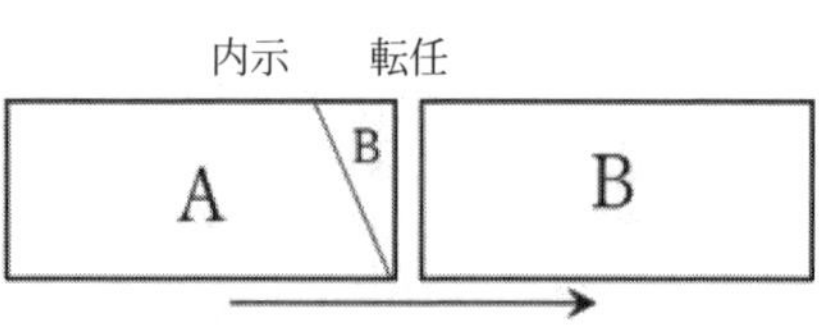

図8　良好型（継承型）の引き継ぎ

図8をご覧ください。前任の先生が教会をまとめていて、比較的引き継ぎがしやすい場合です。しかし、前任者、後任者それぞれ、心に留めておかなければならないこともあります。

●前任者Aの基本

1　内示が出たら、群れの思いをB後任者に向け、Aの色があとあとまで残らないように配慮します。そのことで、Bがやりやすい環境を整えます。Aが「このやり方でやってください」と言い残すのはNGです。
2　牧師の異動は群れにとって大変なことなので、群れが安心できるための努力をします。「大変だ」とか「危機」という後ろ向きの言い方は避け、「大丈夫ですよ」とか「次のステップへの備え」とか、「さらに展望して」とか、「希望を与えられて」など、信徒の皆さんが安心して前を向くことができることば遣いを心がけます。
3　Aは、「私にできたことは限られたことです。本当に申し訳ないと思います。私よりもさらにすばらしい方を神さまは備えてくださいます」という言い方は必須です。自分よりも次の人はダメだと思っているとしたら、その考え方こそ神さまの前に問題でしょう。
4　Aは、これから群れを担うBの良いところを、自分が去る前にことさら示す必要があります。そのことで、群れの方々は安心することができます。
5　「引き留めてほしいオーラ」を出すことはよくありません。群れの方々は心理的に引き裂かれます。それだけでなく、出している自分の尊厳も失ってしまいます。

●後任者Bの基本

自分が、ではなく、群れがしてほしいことをします。その際、いくつか心に留めておかなければならないことがあります。

1　変えたいという誘惑です。なぜ急にそんなに変えたいのか。これは自己の振り返りになります。自己充足したいからかもしれません。

2　自分の色を出したいという気持ちです。前任者と違うことをして差別化をはかるやり方は、最初は良くても、あまり成功しないようです。Ａが信頼されていた場合は、Ｂに切り替わるにはさらに長い時間が必要です。

後任者Ｂが何かを判断しなければならないときは、基本的に以下の順番で考えます。

1　イエスさまだったらどうするか。
2　信徒の方はどうしたいか。
3　前任者だったらどうするか。
4　自分は本当のところ、どうしたいのか。

この順番で考えているうちはトラブルにならないでしょう。現場を感じ取れずに、この

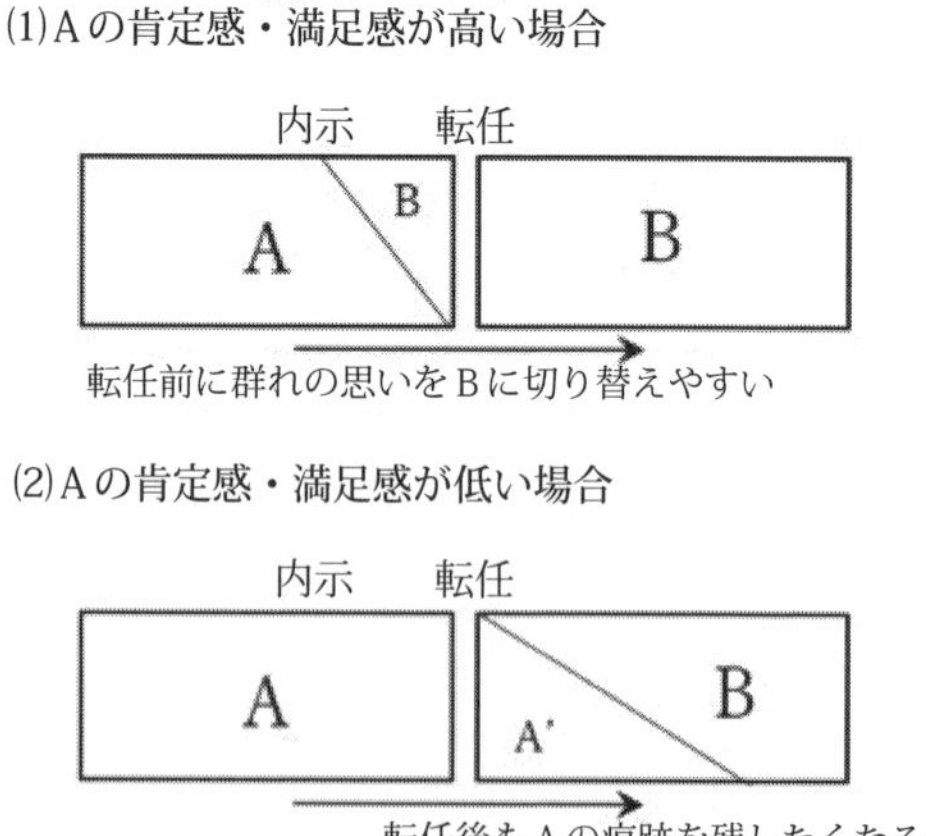
転任後もＡの痕跡を残したくなる

図９　Ａの肯定感・満足度による違い

順番を入れ替えると、教会に以前からいた方々との心的プライマリーバランスが崩れます。

　ここで問題になるのは、Aの満足度です。前頁の図9をご覧ください。Aの肯定感・満足度が高い場合と、必ずしもそうでなかった場合では、かなり違ってきます。これは、一般の対人援助職でも言われていることで、職場の異動があるときに問題になります。

　まず、Aの肯定感・満足度が高い場合です。群れ全体をBに向けやすくなります。他方、Aの肯定感・満足度が低い場合は、Aは異動後も自分の痕跡を残したくなります。そうすると、Bはやりにくくなります。

　このように、良好型であっても、いろいろ考えなければならないことがあります。

混在型

　次に混在型です。図10をご覧ください。前任者Aに対してさまざまな評価があるケースです。引き継ぎ後も両方の評価が残ります。

　このケースでは、以下のことが大切になります。

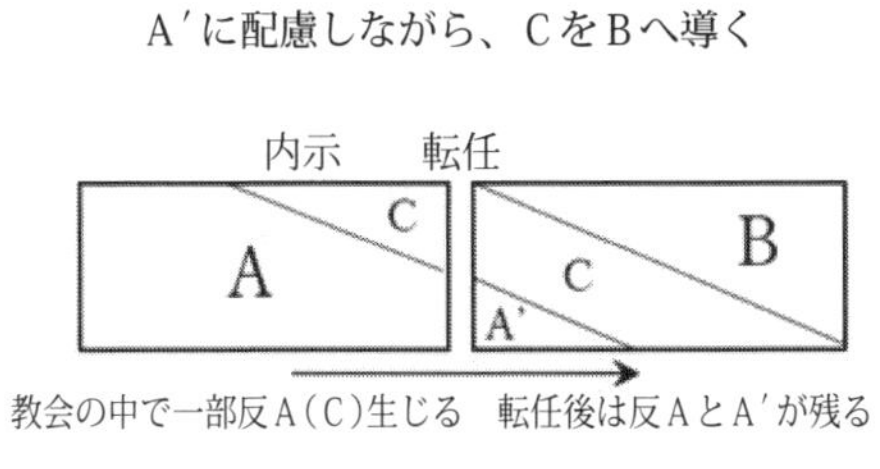

図10　混在型（調整型）の引き継ぎ

1　Bは、Aの批判をしないこと。Aを批判すれば改革が進むと思うのは間違いです。群れは混乱に陥ります。

2　Bは、Cへのケアが必要な場合も、Aを批判せずにそれを行うこと。

3　Bはある程度の時間をかけ、Cを丁寧にBに招くようにすること。そのことで群れが前進できるように備えていきます。

実際には、良好型よりは混在型がほとんどかもしれません。見方によっては、混在型はある意味で健康的であるとも言えます。あまりに良好型過ぎると、教会内の多様性が認められていなかったり、牧師の価値観中心にものが動いていたり、別の問題が存在する可能性もあるからです。

Aを否定せずに、CをBへ導く

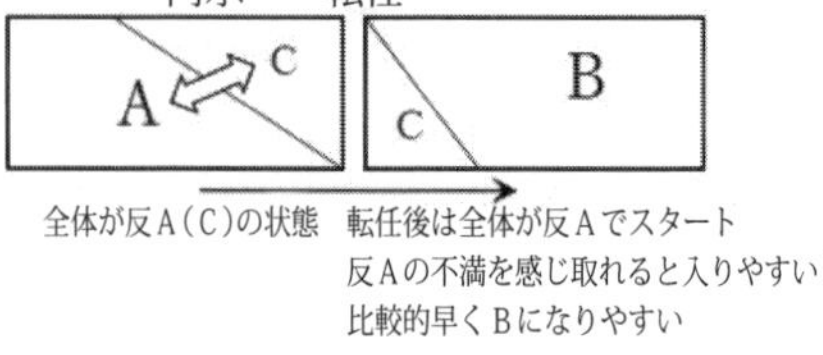

図11　緊張型（メシア型）の引き継ぎ

緊張型

三つ目は緊張型、群れ全体が前任者Aと心理的距離があるケースです。図11をご覧ください。

全体が反A（C）の状態で引き継ぎます。受け手志向（receptor-oriented）の考え方でその不満を感じ取れると入りやすく、比較的早くBになれるという面もあります。ところが、この状態でも気をつけなければならないことがあります。

1　後任者Bは、決してAを否定・批判しない。Bは、仮に自分の気持ちはスッキリしても、教会の信頼は得られません。

2　一定の時間をかけて、Cを丁寧に形にしながらBに招き、群れが前進できるように備えていく。

ここで大切なことが一つあります。必ずしもAに対して肯定的な受けとめをしていなかったCが、時間が経つにつれて、Aが良かったと感じるようになるということです。引き継ぎが終わって落ち着きを取り戻すと、当然のことですが、CはAとBを比較します。これは何も、教会の引き継ぎに限ったことではありません。個人の人生でも年齢を重ねるにつれて、過去の記憶は美化されます。若い時の苦労はいつしか美談になります。良い悪いではなく、人間はそういうものなのです。そのことも心の隅にとどめておく必要があります。

三つのパターンを提示しました。おそらく現実はもっと複雑で、一つとして同じケースはないでしょう。いずれのケースもデリケートな対応が求められるのですが、大切なことがあります。これは痛い目に遭いながら、私がイエスさまから教えていただいたことです。信徒の皆さんの前でBはAの批判をすべきではありませんし、AもBの批判をすべきではないということです。現場では、ともに労する牧師や共に教会生活が許されている信徒について、悪く言うことばや批判を決して口にしない節度を身につけていたいものです。牧師が人の批判をするのを聞いて、良い気持ちになる信徒の方はおられないでしょうし、批判している本人が信頼を失うだけです。

チームで奉仕する場合もあります。教会で、他の牧師や信徒、特に主任の批判をすれば、教会は分裂します。これは私が若いころに教えていただいたことでした。そしてそれは、その後の奉仕の素地になっていると思います。

逆に、責任ある立場の者が共に労する奉仕者の批判をするのも、教会を破壊する行為です。そのことで教会の皆さんから信頼を得ることはありません。大切なたましい一人ひとりを委ねてくださったイエスさまに対して申し開きができないと自戒させられます。

大切なのは、ここでも、自分の人格的責任範囲が自分の中でハッキリしていることです。そこがハッキリしていれば、心的プライマリーバランスを感じ取れる可能性があります。どこまで自分がやってよいのか、何をやってはいけないのか。自分の正義の心に訴えてスッキリしても、それを受け取る信徒の方々はどう感じるのか。そのようなことに思いをいたす感性があれば、可能性があります。

他者の欠けに気づくのはなぜ？

人は批判的になりやすいのですが、他者が見えているとは、他者の欠けに気づくことではありません。信徒の方々の欠けが見えることでもありません。人の批判ばかりしている状態は「人が見えている」と自分では思っていますが、実はそうではありません。自分が見えていないからこそ、人のことを批判していられるのです。少なくとも人を批判している自分が見えていない。人を批判している自分が周囲からどのように見られているかについては、まったく気づいていません。ですから、自分が見えていません。同時に他者が見えていません。自分の歪んだ価値観という色眼鏡で、間違った評価をしているだけの可能性もあります。

自分を知るためには他者と出会うことが必要であると言われます。イエスさまは「他者」ですので、イエスさまに出会うことを通して自分が見えるようになります。イエスさまに出会うことによって、自分の人格的責任範囲が確かになっていけば、それは信仰の成長です。イエスさまと自分の間の人格的責任範囲が見えれば、自分と他者の間の人格的責任範囲も感じ取ることができます。自分が見えるようになると、本当の意味で他者が見えるようになります。他者の欠けばかりではなく、良い点も見えるようになります。

批判を肯定表現に

一般の人間関係も含めて、人のことを批判したくなったら、逆に、良いところを見つけてほめてみてはいかがでしょうか。何か良いことに気づいたら、「すばらしいですね」という表現を使うことを心がけます。肯定表現を使うことは、自分の心理に良い効果があります。

劇的な効果があるわけではありません。肯定表現を使ってどうにかなるのは、おそらく心に余裕があるうちでしょう。追いつめられれば、それさえできなくなります。それができなくなるくらいメンタルなバランスを崩したら、躊躇しないで自分をいたわる方向に切り替えます。

「すばらしいですね」という表現を使うにはエネルギーが要りますので、健康な精神生活を送るためには、愚痴を聞いてもらえるプライベートな人間関係が必須です。肯定モードと愚痴モード、場を間違えると怪我をしますが、上手に切り替えができる柔軟さも成熟のしるしです。愚痴を聞いてもらえるプライベートな人間関係があれば、それもすばらしいことです。肯定モードと愚痴モードを切り替えることができるのもすばらしいことです。

フッと抜く恵み

さて、牧師の人格性のところでも触れたように、体験が重要だと言われてみれば、自分は体験の部分が弱いと感じることはあります。逆に言えば、この部分は確かだと感じてしまったときのほうが怖いと思います。牧会の現場での自分のやり方に間違いがないと思い込み、信徒の方々に対して自信に満ちた対応をするでしょう。この「自信に満ちた対応」が問題なのです。迷惑をかけても、信徒の方を傷つけてしまっても、そのことがわかりません。仮にそのことに気づいても、体験が明確だからというところに立てこもることができてしまいます。自己防衛です。

信仰には一部、疑いが混在しているものです。それでいいのです。信じ切ってしまうことのほうが怖いのです。思考停止になる可能性がありますし、自らを省みる視点も失われます。

体験の部分が弱いと感じたときの間違った対応は、さらに頑張ることです。霊的になろう、自己点検をして、悔い改めて、もっと用いられる人になろうと考えます。気合いを入れて祈り込んだりします。しかし、これで乗り切れる人はよいのですが、多くの場合、自分をいじめ過ぎることになります。ますます迷路にはまり込むでしょう。

信仰のことも、教会にお仕えする奉仕も、頑張りではできません。与えられた奉仕はプロとして真実にやりますが、見えない部分で仕事をしているのは自分ではありません。イエスさまです。力を抜くことができるからこそ、そこに可能性があるのです。

良い機会ですから、「まあ、こんな自分でもいいか」と、フッと力を抜いてみませんか。

よくやってきたじゃないか

フッと力を抜くことができたら、それだけでもすばらしいことです。まず、頑張るのをやめることができたと、ご自分にご褒美をあげましょう。なにせ一所懸命イエスさまのために尽くし、嫌な思いもして、つらい経験もして、そしてこの本を読んでおられるのですから。せっかくの良い機会です。少し自分を緩め、自分を肯定し、頑張ってきたとほめてあげましょう。ご自分の右手で左の肩をポンポンとたたいて、「○○（ご自分の名前）、いろいろあったけれど、よくここまで頑張ってきたなあ」と、ねぎらってあげます。

劇的な効能はなくても、ジワーッと効きます。これだけでも違います。しばらくこんなことをやりながら、ゆっくり過ごすのはいかがでしょうか。

心のエネルギーは、鞭で尻を叩いてもダメです。かえってエネルギーはなくなります。自然に回復してくるのが正解です。心というものに最大の敬意を払い、心の声に耳を傾けることがスタートで、適切な付き合い方をすれば徐々に回復してくる可能性があります。適切な付き合い方とは、心を押しつぶしていたものを特定し、特定したものを少しずつ取り除くことです。そのようなことをしながら、自然に回復してくる、これが大切です。待つのはしんどいのですが、待つのが近道です。焦らず、ゆっくりが大切です。

風景を見直す

フッと抜いて、自分の心の声に耳を傾けながらリハビリをして、「少しずつ、やってみようかなあ」と自然に思えたら、ギアを一速に入れます。いきなりトップギアはダメです。

このとき大切なのは、周囲の理解です。「ありのままでいいよ」と言ってくれる、そういう人が一人いたら幸いです。

チームで奉仕していれば戦力がダウンするというイメージになりますが、そうではありません。そもそも牧師や教会奉仕者だけで頑張り過ぎていなかったのか。あなたの周りには、温かい、祈って支えてくださる仲間や信徒の方がおられるはずです。信じてお委ねすれば、自分の「しょいこみ過ぎ」にすぎなかったことがわかったりします。

それでしたら簡単です。それこそ、威勢を張る必要はありません。ついに真の牧会のチャンスが巡ってきました。信徒の方々を信じて、指示や命令をやめて、自分がやらなければと思って握っていた小さな一つのことを委ねてみてはいかがでしょうか。温かい空気が流れます。

イエスさまもこう言われると信じます。「ここまでよく背負ってくれた。ありがとう。でも、あなたがひとりで苦しむ必要はないよ。その仕事、だれかに委ねてみるのも一案かもしれないよ。」

信じ委ねる恵みの教会へ

イエスさまが私を信じて委ねてくれた、これがどれだけ自分にとって恵みだったことでしょうか。信じてくれていたから、ここまで奉仕してきたのです。イエスさまのお許しがなかったら、あり得なかった一日一日だったはずです。

信徒の皆さんにとっても同じです。牧師が自分を信じて、この仕事を委ねてくれた。これは教会にとってどれだけ大きな恵みになるでしょうか。信じるから信じていただけるのです。

むのたけじ氏のことばを引用します。座右の銘にしているものです。

「信じれば信じられるとは限りません。しかし、こちらが相手を信じることなしに、相手に信じられることはありません。愛すれば愛されるとは限りません。しかし、相手を愛することなしに、相手に愛されることはありません」（『詞集たいまつI』評論社、一九七六年、一五一頁）。

確かにそうだなと思います。しかしエラそうなことは言えません。複雑な人間関係の中で、信じてダメだったこともあります。それでも一パーセントの希望を捨てない、そこに福音に生きる可能性があるのかもしれません。

コントロールを手放す

相手を信じなければ、自分を信じてもらえる可能性がない。確かに世の道理だなと思います。しかし、そんな簡単にいくはずはない。そうお感じの方もいるでしょうか。自分が委ねてしまったら、信徒からコントロールされるかもしれない。そういう不安がおありならば、慎重にやりましょう。無理する必要はありません。役員会で、「きょうはこれくらいまでなら大丈夫」と自分で思える範囲で自分の気持ちを少し正直に話してみたり、丁寧に意見交換をしたりします。

自分ひとりで盾になるのはやめて、役員会や委員会で機関決定をすることも大切だと思います。信徒の中には牧師ひとりが盾になっている姿が嫌な方もおられます。「分かち合ってくれれば、いっしょに担うのに、どうして先生は私たちを信じてくださらないのだろう。」「先生がご自分でされるから、いいや。」そんな受け取りもあるかもしれません。

一朝一夕ではいきません。少し時間をかけながらゆっくり手放す。それでよいと思います。

本来の仕事、これからは聴く

さて、ギアをゆっくり二速に入れます。ここでも、「奉仕に完全復帰できました」などと言って、いきなりトップギアに入れるのはダメです。今回は少しモードを変えます。牧師や教会リーダーの本来の仕事への復帰です。「聴く」モードです。たとえば、こんな感じです。

語る↓聴く
自分がやる↓やっていただく
自分が教える↓教えていただく

教えていただくための一番良い方法は、質問することです。信徒の方々はそれなりの生活と、そして専門性があるので、こちらが丁寧にお聞きすると、いろいろなことを教えてくれます。こちらは知らなくても、教えていただけるのですから、楽です。温かいものが流れます。

牧師や教会リーダーには「語る」とか「指導する」というイメージがありますが、聴かずに語れば、的はずれは避けられません。日々の礼拝のみことばのご奉仕は、聴いたうえに成り立つものです（イザヤ五〇・四～五前半）。

聴くためには一定の訓練が必要です。しかし、専門的である必要はありません。早速、来週の日曜日から、教会に来られる方の心の声に聴いてみる。何かを語ってくださったら、そのことばを丁寧に聴いてみる。それだけでも違うはずです。お一人おひとりの心の声が聞こえてきます。これを機会に聴くことを専門的に学びたいとお感じならば、それもすばらしいと思います。

「聴くモード」、牧師の仕事はこれです。

メンテナンス、緩め直し

ギアを二速まで入れました。二速で走れたら、あとはそれほど問題ないかなと思います。ご自分なりに、無理しない、オリジナルのありようで走って行けばよいでしょう。

そのときに注意しなければならないことが一つあります。頑張りに舞い戻らないようにすることです。恵みで生きていたのが、いつのまにか律法に戻ります。「最近は、どこかおかしかったなあ」などと、後になって気づくことがあります。

私たちは区切りを迎えると、霊的ふんどしの締め直しをします。自分の欠けを真摯に反省し、引き締めを図ります。しかし実は逆です。人間は律法主義に陥りやすい性《さが》をもっているので、締めてしまった部分を緩めるという意味でのメンテナンスが必要です。必要なメンテナンスは、締め直しではなく緩め直しです。

このような緩め直しを何度も何度もやりながら、何かニーズをお感じで本書を手にされた、それ以前のご自分を振り返り、「あのころは、どこかおかしかったなあ」などと、さりげなく思えたら、それもすばらしいことです。

締め括りに――恵みに生かされて

本書では人格的責任範囲をキーワードに、忙しさや一所懸命さから見落としがちな牧師や奉仕者の「自己ケア」について考えてきました。ここまでおつきあいいただいたことを感謝いたします。そろそろお開きです。

自分の人格的責任範囲がわかる土台には、イエスさまとの出会いがあります。自分の負の部分に正直になることでイエスさまに出会えれば、自分の人格的責任範囲が見えてきます。そうすると自分という人間が見えてきます。言い換えると、自立です。自己存在証明のために奉仕することからも守られ、自分を支持してほしいために人を囲い込むような共依存的な牧会からも守られます。教会と向き合う人生は、教職・信徒の隔たりなく、自立に向けて、限りない成長をいただくことができる人生です。

自分のことを振り返れば、自分がまったく見えていなかった。それと連動するように他者のことも見えていなかった。ですから、教会のことも、そして究極的には神さまのことも見えていなかったと思います。そのことで、ずいぶん周囲にご迷惑をおかけしました。今でいうならばハラスメントと言われても仕方のないような牧会スタイルであったことに、後になって気づきました、信徒の皆さまは、黙って受けとめていてくださったのだと思います。いずれも信徒の方々に教えられ、そして究極的にはイエスさまに教えていただいてわかったことばかりです。

牧師や奉仕者であっても行き詰まることがあります。神さまの恵みの世界では、行き詰まりは何もいけないことではありませんし、致命的でもありません。逆に、そのことを通して恵みの世界への旅立ちを始める方もあります。行き詰まりこそ恵みのチャンスです。牧会や奉仕の行き詰まりを感じたとき大切なのは、周囲のせいにしないことです。悪者探しをしている限り、自分に向き合うことはできません。奉仕で行き詰まったら、自分に向き合うチャンス到来です。イエスさまとの出会い、奉仕の世界に導かれたときのこと、今までの奉仕のあり方、信徒の方との関係、上から目線ではなかったか、もの言いは丁寧だったか、お仕えするスタンスを取ることができたか、教会内での立ち位置のとり方はどうだったか、生活パターンはどうか、自分をゆるめる時間を取っていたか、こういったことを見直してみる千載一遇のチャンスをいただいたのです。

自分の努力や頑張りで何かを築き上げようとすることをいったんやめてみましょう。思い違いがなかったか、見えていないことはなかったか、そもそも自分という人間はどのように組み立てられているのか、人格形成のプロセスで何を引き受けてきたのか、どこが歪んでいて、どこが弱いのか、どのような傷を受けているのか、このようなことをあらためて考えることができれば、それは恵みの世界への旅立ちです。

イエスさまは「悔い改めなさい」と言われました（マルコ一・一五）。もともとのことばは「メタノイア」です。「メタノイア」とは「視点の転換」を意味します。転換するのは自分の視点です。視線を動かすことではありません。視線を動かすだけなら、自分の立ち位置を変えなくてもできます。どこを見るかを変えるだけです。他方、「メタノイア」は視点を転換すること、つまり自分の立ち位置を動かすことです。講壇の上から眺めていたら、一段降りてフロアに立って眺め直してみる。自分の視点から見ていたら、相手の視点に立って見直してみる。牧師の視点でしか考えていなかったら、信徒の目線で考えてみる。人間の視点でしか見ていなかったら、イエスさまの視点から眺め直してみる。これがメタノイアです。そして、このメタノイアこそ、本書の目的である「自己ケア」の行き着くところであり、それ以外の対処療法ではまた同じことの繰り返しになるでしょう。

視点の転換は、人間が自分でできるものではありません。ですから、自分で頑張るのではなく、イエスさまに「やっていただこう」と決めて、お委ねすることが大切です。

経験は、それなりの意味をもちます。だんだんとわかっていったという面は否定しませんが、経験には限界があります。奉仕の世界には、学びや経験を超えてしまう神さまの恵みがあるような気がするのです。それは、人間が「獲得していく」連続性の世界ではなく、イエスさまに「やっていただく」非連続性の世界です。「自己ケア」の土台には、人間が頑張らなくてもよい恵みの世界への「気づき」があります。

イエスさまは責めておられません。私たちが牧会や奉仕で負った傷をいたわり、ご自分の涙で洗い流すように、静かに私たちの痛みを覆い、そして着実に次のステップに導かれます。失敗しても、そのような時だからこそ、イエスさまが優しく新しい恵みの世界へと導いてくださる、まさに恵みのみわざです。

人間の行き詰まりの向こう側に神さまの世界が広がっている、ゆるゆるの恵みの世界が広がっている、そのことに目が開かれてゆく味は、けっこう良いものです。

おわりに

本書は、一牧師が失敗を通して自分に向き合い、固定化していた理解や稚拙な神学を広げていただかなければならなかったケース・スタディーであり、普通ならばあえて突っ込まない課題にも正面から向き合いました。自分のことであれ周囲のことであれ、感じた心の痛みはこういうことだったのかということを共有したいという切迫した思いと、あえて文書にして問うべきなのかという思いの両方がありました。もし読者のお一人でもヒントになることがあれば、目的は達せられるのだろうと思います。

このような拙著の出版をお引き受けくださったいのちのことば社の長沢俊夫氏には、ひとかたならぬお世話になりました。ご経験に裏打ちされた、キリスト教界全体を視野に入れたご発言は示唆に富み、特に、福音は現場からものを見るというキリスト論的な目線には共感を覚えます。基本的な方針からことばの使い方まで、今回も様々と教えていただきました。

本書は神学院の牧会演習というクラスの内容をもとに書き起こしたもので、その後、素稿の段階で、何人かの方に読んでいただきました。その中のお一人、共に学んだ戸塚雅昭牧師は、各章ごとに入念に原稿に目を通し、ご自分の福音理解に基づく、読者目線からの貴重なご示唆をくださいました。

本書に出てくる事例検討は、実際にあった「そのまま」ではありません。いろいろな方々との接点からイメージしたもので、背後に何人もの方の重いご生涯があることを覚え、お一人おひとりに心からの敬意を表します。

ここまで導いてくださった主に感謝をささげます。

二〇一九年九月

河村従彦

牧師・教会リーダーのためのメンタルヘルス

2019年10月15日 発行

著　者　河村従彦
印刷製本　日本ハイコム株式会社
発　行　いのちのことば社
〒164-0001 東京都中野区中野2-1-5
電話 03-5341-6922（編集）
03-5341-6920（営業）
FAX03-5341-6921
e-mail:support@wlpm.or.jp
http://www.wlpm.or.jp/

ISBN 978-4-264-04084-2

河村従彦著

ヨブ記に見る試練の意味

「信仰を持って真面目にやってきたのに、なぜこのような試練に遭わなければならないのですか。」　神が愛のお方であるというのに、どうして人は理不尽な苦しみに遭い、不幸に襲われるのか。永遠ともいえるこの大きなテーマに示唆を与える一冊。

定価（本体一三〇〇円＋税）

神さまイメージと恵みの世界

どんな神さまをイメージしているかによって、人格のあり方、行動パターン、聖書の読み方も異なってくるのではないか。臨床心理士としての経験も踏まえ、神様に対するイメージが恵みの中に変えられ、キリストにある自由な信仰の歩みへ進むようにといざなう。

定価（本体一〇〇〇円＋税）

＊重刷の際、価格が変わることがあります。